芦潮港风貌

滩涂日落

芦苇摇曳

出海归来

客运码头

芦潮港风貌

美丽渔村

小区新貌

政府大楼（原芦潮港镇政府）

民俗文化

童趣童谣

传承乡音

民俗文化

土布成品

穿针引线

环筒陋舍

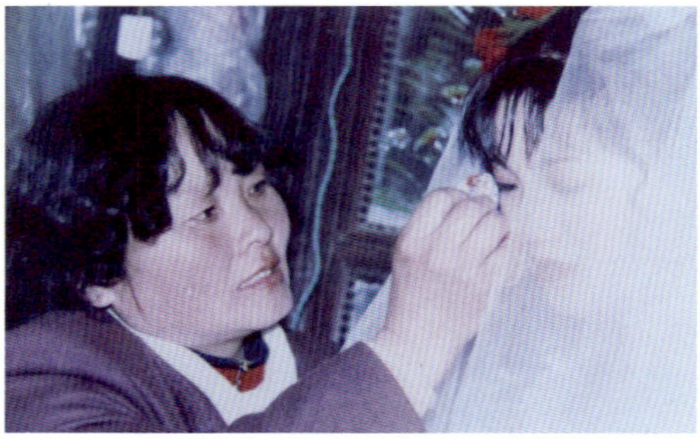

幸福哭嫁

市级非遗项目展示

“非遗”牌匾

“非遗”牌匾

岁月沧桑

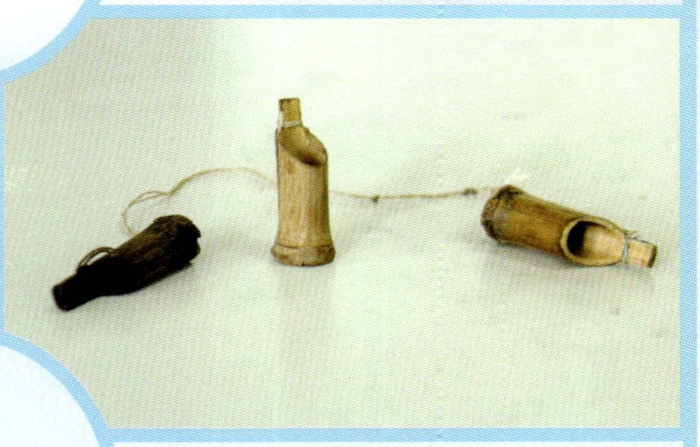

鸟哨实物

后继有人

传人相会

市级非遗项目展示

现场表演

百鸟催春

鸟哨声声

历史渊源

桃花节

桃花源头

开幕盛况

桃园嬉戏

巡演掠影

玉露珍品

桃花盛开

桃花节

精挑细选

桃香四溢

灼灼其华

文化建设成就

剧社演出

气象万千

送戏下乡

秀出风采

老镇一角

文化建设成就

鼓声磅礴

精灵起舞

千手观音

揭幕仪式

露天电影

文化建设成就

初播试音

广播架线

站点旧址

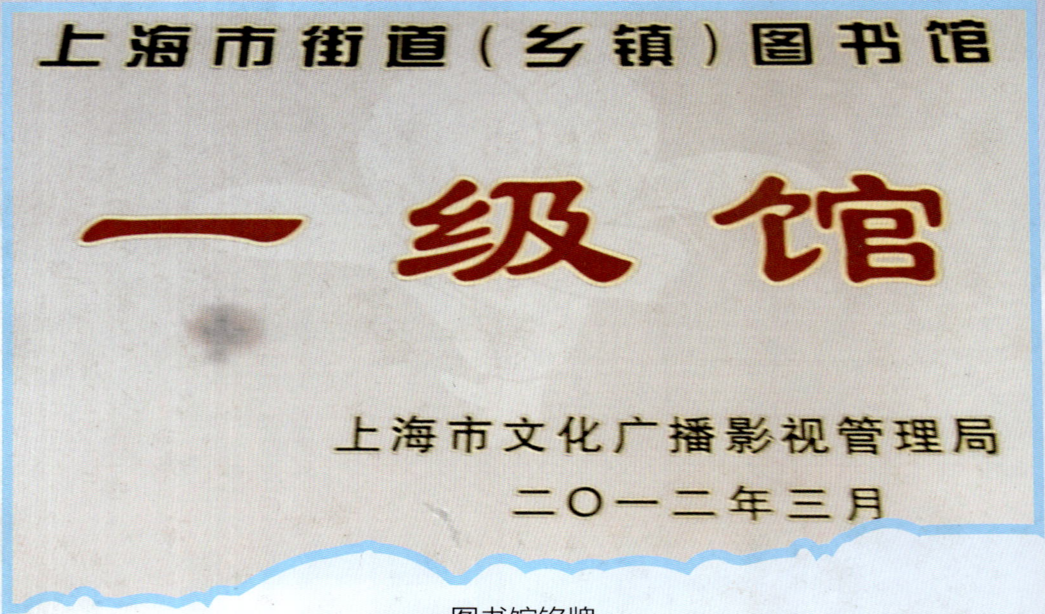

图书馆铭牌

亲近书香

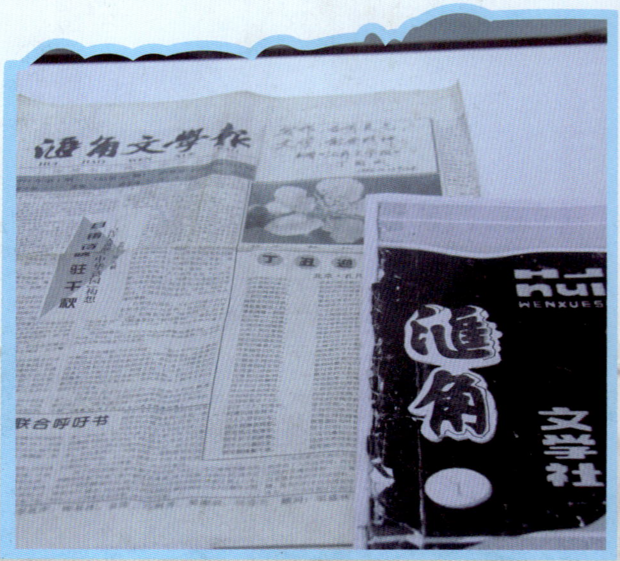

文学星火

东海之滨　美丽渔港

——浦东新区南汇新城镇民间文化遗产辑录

浦东新区南汇新城镇文化服务中心　编

上海浦江教育出版社

图书在版编目(CIP)数据

东海之滨　美丽渔港：浦东新区南汇新城镇民间文化遗产辑录/浦东新区南汇新城镇文化服务中心编. —上海：上海浦江教育出版社有限公司，2015.4
ISBN 978-7-81121-400-0

Ⅰ.①东…　Ⅱ.①浦…　Ⅲ.①文化遗产—介绍—浦东新区　Ⅳ.①K295.13

中国版本图书馆 CIP 数据核字(2015)第 087595 号

上海浦江教育出版社出版
社址：上海海港大道 1550 号上海海事大学校内　邮政编码：201306
电话：(021)38284910/12(发行)　38284923(总编室)　38284910(传真)
E-mail：cbs@shmtu.edu.cn　URL：http://www.pujiangpress.cn
上海图宇印刷有限公司印装　上海浦江教育出版社发行
幅面尺寸：169 mm×230 mm　插页：12　印张：9　字数：168 千字
2015 年 4 月第 1 版　2015 年 4 月第 1 次印刷
责任编辑：倪项根　封面设计：张　敏　责任校对：王　艳
定价：58.00 元

编 委 会

主　　编　刘永平　冯秉锐

副 主 编　张文莉　唐金发

文字审读　冯秉锐

摄　　影　刘国庆

序

2006年，国务院办公厅发出《关于加强我国非物质文化遗产保护工作的意见》，原中共芦潮港镇委员会、原芦潮港镇人民政府在原南汇区政府的统一部署下，成立了芦潮港非物质文化遗产保护领导小组，并委托原芦潮港镇文化服务中心对辖区内的非物质文化遗产进行全面普查。今天我们把普查的结果选编成册，出版《东海之滨　美丽渔港——浦东新区南汇新城镇民间文化遗产辑录》一书，意在传承民间文化遗产，弘扬先进文化。南汇是从海里“长”出来的，芦潮港更处在长江三角洲的最前沿。200年前，这里还是一片汪洋。200多年潮涨潮落，不但造就了这一片美丽的沃土，更养育了几代勤劳、智慧的芦潮港人民。历史虽短，但人们在社会实践、劳动生产中除了收获五谷丰登、六畜兴旺的物质文明外，还创造了丰富多彩的民间文学、美术和技艺，以及寄托人们美好愿望的各种传说、故事和民谣。其中有沿海人民独创的哭嫁歌、哭丧歌和灶花，更有被列入上海市保护项目的民间技艺。这些珍贵的非物质文化遗产，见证了芦潮港地区从滩涂到现代化新城镇的历史发展，也为芦潮港地区新一轮的发展提供了文化借鉴。

2007年，“鸟哨”成功申报为南汇区和上海市非物质文化遗产名录；桃文化早在1991年就催生出了上海市桃花节，促使“南汇水蜜桃”等多个品牌的形成，有的已被尊为“沪郊百宝”。

众多的民间文化遗产是以口头传承为主的，在文化传播媒体多样化的今天，它们有的正在消失，有的已不为人们所重视。我们今天出版此书，正是为了“抢救、整理、保护、传承”辖区内的非物质文化遗产。衷心感谢为编著丛书付出辛劳的项目传承人、项目保护单位和保护工作管理单位，以及专家学者和上海浦江教育出版社的领导和编辑们，现有的成果都凝聚着他们的才智和心血。希望《东海之滨　美丽渔港——浦东新区南汇新城镇民间文化遗产辑录》对南汇新城镇文化事业的发展能够提供有益的借鉴。

张校平

2014年9月30日

目 录

第一章　乡音方言 ……………………………………………………（1）
第一节　方言 ……………………………………………………………（1）
一、天象 …………………………………………………………………（1）
二、时令、时间 …………………………………………………………（1）
三、农事 …………………………………………………………………（2）
四、生活 …………………………………………………………………（2）
五、文体卫生 ……………………………………………………………（3）
六、身体疾病 ……………………………………………………………（3）
七、动植物 ………………………………………………………………（4）
八、日常用语 ……………………………………………………………（4）
九、房屋用具 ……………………………………………………………（8）
第二节　称谓 ……………………………………………………………（11）
一、旁系亲属称谓 ………………………………………………………（12）
二、直系亲属称谓 ………………………………………………………（12）
三、姻亲关系称谓 ………………………………………………………（13）
四、其他称谓 ……………………………………………………………（14）
第二章　民间文学 ………………………………………………………（15）
第一节　地方传说 ………………………………………………………（15）
一、“芦潮港”地名的来历 ………………………………………………（15）
二、庙港的传说 …………………………………………………………（16）
三、“听皇帝圣旨” ………………………………………………………（16）
四、弄巧成拙 ……………………………………………………………（17）

第二节　地名小传 …………………………………………………… (17)
一、芦潮港镇的来龙去脉 …………………………………………… (17)
二、果园镇 ………………………………………………………… (18)
三、糖厂 …………………………………………………………… (18)
四、江阴厂 ………………………………………………………… (19)
五、江北埭 ………………………………………………………… (19)
六、天主堂 ………………………………………………………… (19)
七、芦潮港港口与发展 ……………………………………………… (20)
第三节　要事记实 …………………………………………………… (21)
一、李公塘决堤抢险记事 …………………………………………… (21)
二、血染的土地　世纪的风采 ……………………………………… (22)
三、海塘、民圩 ……………………………………………………… (25)
第四节　民歌民谣 …………………………………………………… (28)
一、江北埭民谣 ……………………………………………………… (28)
二、讨饭歌 ………………………………………………………… (29)
三、节气农事歌 …………………………………………………… (30)
四、怀胎宝卷 ……………………………………………………… (30)
五、十二月花鸟联名歌 ……………………………………………… (31)
六、四句头山歌 …………………………………………………… (33)
七、十二月花名生肖歌 ……………………………………………… (33)
八、逢熟吃熟歌 …………………………………………………… (34)
九、时令对歌 ……………………………………………………… (35)
十、劝戒赌歌 ……………………………………………………… (35)
十一、节气歌 ……………………………………………………… (36)
十二、童谣(稀奇歌) ………………………………………………… (36)
十三、说唱“一两米” ………………………………………………… (38)
十四、哭嫁歌 ……………………………………………………… (39)
十五、哭丧歌 ……………………………………………………… (41)

第三章　老古话 …… (48)
第一节　谚语 …… (48)
一、农谚 …… (48)
二、生活谚语 …… (49)
三、气象谚语 …… (51)
第二节　俗话 …… (52)
第三节　缩脚音 …… (63)
第四章　谜语　顺口溜 …… (65)
第一节　谜语 …… (65)
一、地名谜语 …… (65)
二、物事谜语 …… (67)
三、字谜 …… (72)
第二节　顺口溜 …… (73)
第五章　民间技艺 …… (76)
第一节　绘画、雕塑、音乐 …… (76)
一、灶墙画 …… (76)
二、泥塑 …… (77)
三、雕刻 …… (77)
四、道教音乐 …… (77)
第二节　编织 …… (78)
一、南汇土布（老布） …… (78)
二、芦苇编织 …… (79)
第三节　特色工具 …… (81)
一、独轮车 …… (81)
二、水船 …… (82)
三、捕捞工具 …… (82)
第四节　摹鸟短笛（鸟哨） …… (83)
一、历史渊源 …… (83)
二、制作、应用和吹奏艺术特色 …… (84)
三、分布传承 …… (85)

四、保护 …………………………………………………………………… (85)
五、摹鸟短笛的功能价值 ………………………………………………… (86)
六、"摹鸟短笛"电视片解说辞 …………………………………………… (88)
第五节　申报 ……………………………………………………………… (90)
一、申报报告 ……………………………………………………………… (90)
二、申报名录(摹鸟短笛)简介 …………………………………………… (106)
三、捕鸟 …………………………………………………………………… (106)
第六章　民俗 ……………………………………………………………… (108)
第一节　人生礼俗 ………………………………………………………… (108)
一、十二朝(满月) ………………………………………………………… (108)
二、婚姻形式 ……………………………………………………………… (109)
三、婚礼 …………………………………………………………………… (110)
四、丧葬礼仪 ……………………………………………………………… (111)
第二节　生活习俗 ………………………………………………………… (111)
一、穿 ……………………………………………………………………… (112)
二、食 ……………………………………………………………………… (112)
三、住 ……………………………………………………………………… (114)
四、行 ……………………………………………………………………… (114)
第三节　岁时节令 ………………………………………………………… (115)
一、过年 …………………………………………………………………… (115)
二、清明 …………………………………………………………………… (116)
三、端午 …………………………………………………………………… (116)
四、中秋节 ………………………………………………………………… (116)
五、其他节令 ……………………………………………………………… (116)
六、正月十五炭茅塘 ……………………………………………………… (117)
第四节　俗神信仰 ………………………………………………………… (118)
一、俗神：坑三姑娘 ……………………………………………………… (118)
二、灶君 …………………………………………………………………… (118)
三、天妃宫祭祀 …………………………………………………………… (119)
四、斋老大 ………………………………………………………………… (119)

第五节 庭院游戏 …………………………………………………………… (120)
一、抓真 …………………………………………………………………… (120)
二、丢羊草 ………………………………………………………………… (120)
三、打牌把 ………………………………………………………………… (121)
四、滚铁环 ………………………………………………………………… (121)
五、吃弹子 ………………………………………………………………… (121)
六、跳(造)房子 …………………………………………………………… (121)
七、跳皮筋 ………………………………………………………………… (121)
第七章 民间知识 …………………………………………………………… (122)
第一节 物候天象 …………………………………………………………… (122)
一、物象口语 ……………………………………………………………… (122)
二、天象口语 ……………………………………………………………… (123)
第二节 医药卫生 …………………………………………………………… (124)
一、民间土方 ……………………………………………………………… (124)
二、便方土法 ……………………………………………………………… (125)
三、草药 …………………………………………………………………… (125)
第八章 桃文化 ……………………………………………………………… (127)
第一节 桃花节 ……………………………………………………………… (127)
一、起源 …………………………………………………………………… (127)
二、发展 …………………………………………………………………… (128)
三、主要活动 ……………………………………………………………… (128)
四、影响 …………………………………………………………………… (129)
第二节 南汇水蜜桃 ………………………………………………………… (130)
一、形成与品和 …………………………………………………………… (130)
二、桃花、桃胶、桃符 ……………………………………………………… (131)
后记 ………………………………………………………………………… (132)

第一章　乡音方言

芦潮港地区方言属吴语系中的河口语支。芦潮港地区居民都为随着芦潮港成陆而陆续迁入的外来人口，其来源地主要是塘西地区，以及崇明、海门、启东等地。此外还有苏北、浙江余姚等地逃荒农民，于解放前迁入芦潮港地区。因此，芦潮港方言构成复杂，既有以浦东话为基本音律的“本帮话”，又有以崇明、海门、启东等口音为基本音律的“大沙话”。20 世纪 60 年代后，城镇人口、“文化人”不断涌入，多种不同语音混杂一起，造就了芦潮港地区特有的方言，经过数十年发展，逐步流传定型。

第一节　方言

一、天象

阴势天——阴天
长拨头雨——雨持续不断
雷响——打雷
麻花雨——小雨
天打——雷击
发冷头——寒潮来临
冷阴冻——寒冷、天阴
长脚雨——大雨
冰胶——冰冻
呱天旺日头——大晴天
霍闪——闪电
雨落——下雨
没水——水没
风潮——台风

二、时令、时间

节肯——节气
隔日子——前天
夏场里——夏天、热天
昨日子——昨天

春场里——春天
闲常中——平常、平时
格息——此刻
下昼——下午
秋当里——秋天
上日子——昨天
寒场里——冬天
早起——早晨、先前
大腊里——三九寒冬
当五——端五
日里厢——白天
平常——平时
挨夜快——傍晚
日中心——中午
着隔日子——大前天
着末脚——最后面

三、农事

坌地——翻地
千步——铁锹
盖子——锯子
垩头——农肥
捉花——摘棉花
莳秧——插稻秧
横刀——镰刀的一种，无齿
扳鱼——用网捕鱼
捉柴滨——割河岸芦苇、坎柯柴
麻捻——捆稻麦时用的单股草绳
河塗——罱泥时堆河泥的浅潭
泥拨头——土块

四、生活

老布袄——棉衣
坑缸——粪坑、粪缸
令衣——背心
老布——土布
污纳——尿布
门头——家庭开支
布衫——单衣
挽水——提水、打水
御馋——小孩用围兜
公碗——中等大小的碗
轧头——理发
散面——面粉
洋火——火柴
牛头裤——短裤
汤盅——小碗
油衣——雨衣
当门头——当家
汤水——菜肴
蹲坑——大小便
咸酸饭——菜饭
点心——中饭
大(音 du)米饭——玉米糊饭
和头——烧菜中的副料
吃妈妈——吃奶

五、文体卫生

谜谜子——谜语
坑棚——厕所
捉野猫——捉迷藏
药水——墨水、农药、汤药统称
木头人戏——木偶戏
蛮白相——玩
钻摸龙宫——潜泳
行针——针灸
仰江游水——仰泳
白相官——玩具

六、身体疾病

打恶——恶心欲呕
骷郎头——头
气夯八倒——呼吸急促
节头骨——手指
眼仙人——瞳仁
脚板头——脚背
脚节头——脚趾
臂撑子——手臂
后头枕——后脑勺
伛苏背——驼背
膝馒头——膝盖
手骱子——手腕
脚盔子——小腿
夹罩落——腋下
大脚盔子——大腿
扎作——结实
胎本——体质
勿适意——不舒服、有病
矮胡扎墩——矮而结实
脚发当——跨下
上勿上——身体有病
肚里泻——腹泻
死血块——冻疮
柴勿住——吃不消
疙嘴——口吃、结巴
伤神势——伤脑筋
吊嘴——说话口齿不清
乌隆块——肿块
勃楞头——疮疱
麦细眼——近视眼
捉嗝端——打嗝
戳朴子——打耳光
猪狗臭——狐臭
叮——痒
酒涏潭——酒窝
偏脚胡羊——走路无力
哈麻痧——霍乱

七、动植物

毛骚蜞——脚上有毛的螃蜞
牧龙宫——鱼鹰
落苏——茄子
麻将——麻雀
猪郎——种公猪
蜢蝇——牛虻
吐铁——黄泥螺
对日莲——向日葵
骚头羊——公羊
潮头猪——正在发育中的猪
大(音 du)米——玉米
腰菱——菱角
白眼树——银杏树
香瓜——南瓜
暂叽——蟋蟀
花愚头——花蕾
漾涎水——小柳条鱼

八、日常用语

惯势——习惯、相互很熟
受枉——倒霉、上当
老户头——老客户、老主客
勿收势——不像样
淘伙淘里——同伙
虎头虎冲——做事冒失
升稍——有出息
肉麻——可惜
笃着——猜中
崭——好
穿棚——事情暴露
有心相——耐心
就更——就这样、罢了
无(唔)数——不知道
弄送——作弄人
涨一歇——等一会
炬难——缓慢
额角头——运气
污脱——浪费
老佃户——老好人
小瞎里——小时候
解解厌气——散散心
傻度——劳累、吃力
乌里蛮里——不讲理
慕枯运——运气不好
一埸括子——全部
绕山头——缠勿清、蛮挠
脚色——有本事、能干
触死板登——呆板
长一码大一码——身材高大
板扎——牢靠扎实
勿图天亮——只顾眼前、不想以后
腰尼角落——偏僻地方
吃轧头——受批评、指责
作精作怪——捣蛋
小八辣子——没地位的人、小孩

做手脚——作弊
把细头——办事认真、小心
垫刀布——替罪羊
脱头落攀——做事不慎、越轨
猴急——板面孔
一勒脚——不停步走到底
睛赤眼对——亲眼看见
抓手拉脚——胡乱惹人
写抓——聪明
走作——轻度受损
痴精八怪——疯疯癫癫
种气——胆量
挖里挖克——挖空心思
吼面拉孔——发火
勿丝直——不情愿
刹枯——苛刻、刁难
油嘴搭舌——油头滑脑
寻吼势——寻衅闹事
三清四绿——整齐、清洁
泥糊夹糟——弄勿清爽
刹边刹沿——正在边上
着少——极快
密皱猛皱——很密
插上插下——不分上下
夯碰冷打——全部
呒介事——没有这事
搭浆——马虎
驮子八气——做事不负责任
老芥——摆架子
告抄——给人添麻烦
到家——道地
猪精狗捣——做事不够体面
夜里人——老鼠
看戏拔眉毛——袖手旁观
嚎母求告——苦苦哀求
老八十步——不急不慢、按部就班
花嘴花脸——花言巧语
三脚猫——样样懂一点、但不精
活里活络——模棱两可
笃一笃——走路慢吞吞、笃悠悠
呆勃弄冲——迟钝
德德福福——五官端正、长相俊美
兴令哄隆——声势浩大
拉里拉抓——言谈粗鲁、不讲道理
毫少——快点
现世宝——做事不当、受人歧视
穷心黑想——贪得无厌
好白话——易被说动心的人
狗皮倒糟——吝啬
犯关——遇到麻烦
眼枯落潭——消瘦、眼深凹
走油——费力、费劲
定头货——性格固执
来三——能干、行
扛嘴唇皮——无原则辩论
介末——那么
撩掳世界——糟蹋、破坏
约归——大约估计
夹水揿——捉弄受难人
航尽山是——数量多、数不清
黄肿户胛——办事不负责任
勒海——在其中

强头疤脑——任性、倔强
别场方——别地方
七跷八裂——不团结、闹分裂
咬极口——勉强坚持
吼筋卜跳——说话做事无必要地用力
世界——地方(指面积)
面红堂春——精神焕发、气色好
没杀——淹死
寿头八气——不识好歹
爬出来——起身
死气活样——精神不振
死生活——难做的事
十洋八景——举止怪异
大花头——善用计谋的人
做落脚底——凶过他人
回头——告诉
昏头搭脑——神志不清
浪声——因不满而叽咕
吪没兜摘——一帆风顺
拆天拆地——过火的戏闹
面吼脱形——惊惶失措
触毒——看不惯
捻头——钞票
惯势——习惯
好和头——随和
作作叫——规规矩矩
懒塔无兴——无精神
嘎讪胡——谈天说地
即忙——刚才
搬乱话——挑拨离间
大约模作——大概
搓乱谈——一起闲谈
告劳——所以
尖头把细——乖巧、尖钻
心带带——记挂在心、不安
塌冲——因事情暴露或做错而感羞愧
出客——仪表大方、相貌漂亮
扳雀丝——找岔子
雅雅能——偷偷地
作派——正经、办事合理
三角碌砖——难管理的人
一眼半当——少量
收作——整理、整人、打人
忙抖抖——很忙、匆忙
道伴——同伙
拆棚脚——拆台、败事
叽麻竹陆——话太多、噜嗦
腊稀稀——不明智、不看形势
图死日——糊涂度日、混日子
干叽叽——干燥状
胡摇——喧哗、吵闹
独吊吊——孤单状
上腔——兴师问罪
雅脱——躲避
安安能——静静地
清水——干净
老天年——老死
笨早死——笨蛋
肉淋淋——见残忍状、心惊胆怕
恶形恶状——可恶的样子
假亚头——假做一套
伊能加——这样

消返——反复不定
做人家人——精细打算的人
呜苏——办事不成心里不痛快
馋唧老太婆——爱唠叨的人
调花枪——施诡计
闹——训斥、批评
刹伲——过(稳)瘾
好姆搭搭——突然间、凭空
泥胡调——模棱两可、捉摸不定
抽开心——捉弄别人
打棚——开玩笑
浮搭搭——不用心
舌头大夹夹——说话不清楚
老芥莱——骄气十足、以小装大的样子
作捣——捣乱
狗瘪——小气
拆神思——伤脑筋
吃哺铁蛋——没主意
壳里壳索——衣服穿得大而多、不精神
了家精——败家子
并铺——未结婚而同居
吃牌头——受批评、挨打
苦脑子——穷人
咭咕——小声说话表示不满
杭勿住——吃不消、力不胜任
牙草皮——骂人话，意为杀头鬼(有时为昵称)
脱底棺材——做事不稳、懒散、无计划用钱
浮尸——骂人话，意为溺水而亡(有时为昵称)
偷形避形——偷偷地
早死——骂人话，意为短命(有时为昵称)

呒搭头——不值得结交
远天野地——相差很远
心扒乱糟——心神不安
兴令哄弄——声势很大
捉落空——抽空
恶势促卡——刁钻、捉弄人
区——好看、漂亮
喇叭腔——不中意、做事走样
叽嘱——话多、啰嗦
能好——恰好
挽——提、拿
绝嫩——便当、很容易成功
眼眼调——正巧、正好
细磨细相——很仔细、耐心
花头花脑——不踏实、言语不实
拎不清——不理解人意
犯条款——做错事、坏事
跷辫子——死亡
消地光——躺地耍赖
牵丝扳藤——不爽快
神思不收——不可收拾、不象样子
将溜溜——慢一点、轻一点
挖煞——偏遢、心里不平、不畅快
板面落吼——生气、发火

神妖鬼怪——故弄玄虚
烧香——向有关人、部门行贿
现世——羞惭
人做戏——除电影、电视外各类戏剧
旺公道——打赌
光火——生气
冒吼——冒认、冒领
小主头——气量小
重思——性格内向、不轻易表态的人
胎生——本来
神思勿收——不象样子、难收拾
铲人——骂人

九、房屋用具

四贴三间——四个山墙，三间房子

三间两发抡——三间正房，两边各搭一间没正梁，用二根八字形梁木从中梁伸向前后屋角

七路五开间——每间七根梁木，相连五间房子

一整两厢房——“凹”字形，五间正房，两边各二间横屋

瓦束腰——中间房子用瓦盖顶，两边房子用草盖(反之“草束腰”)

勒脚屋——一整两厢房的横屋后面再造的横屋

廊头屋——两头山墙上没装泼风(风檐)的房屋

圆车棚——用竹草搭的六角形帐蓬式草棚

烧落盐墩——全部用翻絮编搭的没椽子的环筒形草棚

披檐——正房外山墙上架一横梁，椽子从横梁直至壁头梁

阁棚——小阁楼

坑棚屋——农村中为茅坑搭的小棚棚(厕所)

砖壁撑——房顶用稻草盖的，山墙和前后壁用砖砌的房子

翻絮编——用芦头编的中间夹稻草作墙壁用

五路头——指房子的前后进深，每间五根梁木

七路头——指房子的前后进深，每间七根梁木

十七发——一间房子开间(长度)大小，用十七根椽子

十九发——一间房子开间(长度)大小，用十九根椽子

二十一发——一间房子开间(长度)大小，用二十一根椽子

抛梁馒头——建房上梁时房主抛向梁木处的馒头或硬币

世界小来——房间小的意思，反之“世界大来”

地脚——建房时砌的房子四周的地基

墒皮、墒子——在地基上竖柱子的位置摆一块方形石块(墒皮),上面再放块圆形石(墒子)

金带——建房竖柱、上梁时用于固定的绳索

门眼芦——盖草房时,用双股草绳穿上芦苇压在稻草上拉紧

绳落袋——盖草房时,用草绳结的绳网压在稻草上拉紧

廊檐——房屋前后壁头梁往外延伸部分的房顶

泼风——房屋外山墙往外两发椽子的风檐

护壁编——用竹或芦苇编的篱笆贴在外墙面保护墙壁

泥涂灶——穷人买不起砖头砌灶,用泥涂成灶头,形似小水缸

行灶——用小水缸在一边凿一火门,缸上摆镬子作灶头

拉灰头——烧火后,拉灰用的工具

筷池笼——装筷用的筒状物,底部有小孔

盐油盏——用小瓶或小碗放上食油,内放灯草或棉纱点火作灯

牛料桶——放草料喂牛用的桶

踏花桶——收棉花时,把蒲包放在桶内装花踏实用木桶

浴桶——刷布上浆用的腰子形木桶

睏凳——长形较阔的木凳,热天乘凉睡觉用

睏橱——形似长形木箱,内装粮食或衣被,上面睡人的床

中榻——比较简单的床铺,有一人榻、二人榻二种

野壶箱——床头柜

马桶箱——放便桶用的方形木箱

烫婆子——铜制柿子形器皿,放开水后摆在被褥里取暖用

牛头车——旧时郎中、老人、新娘子过门坐的运输工具,形似牛头的独轮木制人力车

天落水缸——用以盛装天落雨水的水缸

脚圈、手圈——脚踏的、手摇的纺纱工具

经车、布机——制土布用的二种木制工具

牛车——用牛拖的车,上面盖有六角形的车棚

荷叶车——上面没有车棚的牛拖水车

风打车——用蓬布利用风力带动水车,用于水稻地灌水

水车——二人或三人用脚踏的木制人力水车,把河水抽起来灌地

田刀——翻地用的农具
铁锴——四齿的钉耙
横刀——收割庄稼的工具，即“镰刀”的一种
耞——由一根长柄和一组平排的竹条构成，麦、豆作物脱粒用
锄头——除草松土的农具
铧撬——开沟挖泥用的铁制工具（又称千步）
拉耙——用于晒粮场上拉粮拢堆的木制工具
抄耙——用于晒粮场上推粮拢堆的木制工具
筛筛头——四齿，在脱粒场上拉桔杆用的木制工具
山畚——藤肉或柳条编的提粮器具（较小）
栲栳——藤肉或柳条编的提粮器具（较大）
渤篮——农家扬晒谷、麦、杂粮用的椭圆形无孔竹制品
麦大——农家用于筛尽粮油作物用的底部有小孔的竹制品
筛子——农家用于筛尽粮油作物中灰尘的底部有细孔的竹制品
苫条——用篾编的圈囤粮食的竹制品
轭头——套在牛颈上的倒V型木制品
犁杏盘——套在犁辕头上窄长方形的树木制品
犁索——从牛轭头连接犁杏盘的粗绳索
罱泥——用罱网从河中把河泥夹到船上，再拷到地里（积肥）
踏水——用人力踏动水车，引水灌地
搭花——在棉花地里除草
做元头——把土地平整好，开好水沟。元头（畦）尺寸有大有小
米囤——用稻草编制的圆形囤粮器具
蒲柳——用竹蔑编制的方形囤粮器具
赶水——用牛拖动水车，引水灌地
耖地——用牛拖犁翻地
划地——用牛拖多齿耙把水地划平
落秧——撒谷种，亦称落谷种
莳秧——插稻秧（移栽）
扣稻（麦）——割稻或割麦
掼稻——稻谷人工脱粒

轧稻——稻谷半机械化脱粒
打麦——把麦杆摊在场上用耞拍打，使麦粒脱下
坌地——用“田刀”或“铁鎝”翻土
掏泥——用铧撬将浜嗨头水浸泡的浜泥掏起并甩上岸（积肥）
捉柴浜——割芦苇
做町岸——坌泥筑阡陌
兜田头——下田察看
丈田——用“步均”（木制丈量工具）丈量土地
绞茅稔——用稻草绞的单股草绳（捆扎稻麦用的）
河图——罱的河泥挎上岸堆在一起的泥町
泥扳头——土地
游地木——水稻地划地后用牛拖跳板压平水地
拉拔——将牛在水田里耕翻起的大泥块用铁鎝拉碎平整
束稻（麦）——用绳捆稻或捆麦

第二节　称谓

芦潮港地区家庭，以夫妻为主体，上赡养父母，下抚育子女。儿子结婚成家，女儿成年出嫁，则另立门户，各自为业，鲜有几世同堂现象。但赡养父母义务依旧，如独子，则全责赡养父母；若有弟兄多人，则共同赡养。已出嫁的姐妹，亦有承担照料、赡养的义务。

境内子女婚后大多与父母分居。父母亡故，兄弟之间分家，由舅舅主持，无舅者有伯、叔父代之，并宴请同族长辈，以示分门立户。

称谓带有芦潮港方言，具体见下表：

一、旁系亲属称谓

关系	称谓	当面称呼	对外称呼
父之兄	伯父	老伯伯、老伯、大伯、二伯	同当面称呼
父之弟	叔父	爷叔、叔叔、大叔、小叔、小伯	同当面称呼
伯父之妻	伯母	老姆妈、老妈	同当面称呼
叔父之妻	叔母	孃孃、婶婶	同当面称呼
伯(叔)父之子	堂兄弟	同自己兄弟姐妹	同当面称呼
伯(叔)父之女	堂姐妹	同自己兄弟姐妹	同当面称呼
父之姐	姑母	杜杜、寄妈、姑妈	同当面称呼
父之妹	阿姨	阿姨、孃孃	同当面称呼
兄之妻	嫂	姐姐、阿嫂、阿姐	同当面称呼
弟之妻	弟媳	妹妹、弟媳或呼名字	同当面称呼
夫之兄弟	伯、叔	阿哥、哥哥、弟弟或呼名字	小叔、叔叔
父之兄弟配偶	妯娌	姐妹相称或呼名字	伯姆道
夫之姐妹	夫姐、夫妹	姐妹相称或呼名字	姑娘
夫之姐、妹夫	姐、妹	姐、妹、阿哥、阿弟	同当面称呼

二、直系亲属称谓

关系	称谓	当面称呼	对外称呼
生养父	父亲	阿爸、爸爸、阿爹、老爸	老头子、爷,其余同当面称呼
生养母	母亲	阿妈、妈妈、姆嫚	娘,其余同当面称呼
后父	继父	爷叔	晚爷
后母	继母	孃孃、阿姨	晚娘、后妈
父之父	祖父	大大、公公	同当面称呼
父之母	祖母	阿奶、奶奶	同当面称呼
父之祖父	曾祖父	太太	同当面称呼
父之祖母	曾祖母	太太	同当面称呼

（续表）

关系	称谓	当面称呼	对外称呼
兄、弟	兄弟	阿哥、哥哥、大佬官、弟弟、阿弟、兄弟	同当面称呼
姐、妹	姐妹	阿姐、姐姐、妹妹	同当面称呼
夫	丈夫	呼名字、(子女名)爷	男人、男客、老头子、男将、小囡爷、爱人
妻	夫人	呼名字、(子女名)娘	娘子、老太婆、爱人、老婆
夫之父	公	阿爸、爸爸、爹爹	公阿爹、老头子
夫之母	婆	阿妈、妈妈	老婆、婆阿妈

三、姻亲关系称谓

关系	称谓	当面称谓	对外称谓
婿、媳之父母	亲家	以兄、弟、嫂、妹相称	亲家公、亲家姆
父之姐妹配偶	姑父	寄爹、夫夫、姑父	同当面称呼
姑之子女	姑表	以兄弟姐妹相称	表弟、哥、姐、妹
母之父	外祖父	大大、外公	外公
母之母	外祖母	奶奶、阿奶、外婆	外婆
母之兄弟	舅父	舅舅、娘舅	同当面称呼
母之兄弟配偶	舅母	舅妈	同当面称呼
舅父之子女	舅表	以兄弟姐妹相称	舅表、表兄弟、表姐妹
母之姐妹配偶	姨夫	夫夫、寄爹	娘姨夫
母之姐妹	娘姨	孃孃、寄娘、杜杜	娘姨
姨之子女	姨表	以兄弟姐妹相称	娘姨夫、表兄弟、表姐妹
妻之父母	岳父母	随妻、阿爸、伯伯、爸爸、阿妈、妈妈	丈人、丈母
妻之兄弟	内兄弟	哥、弟或呼名字	阿舅、舅老
妻之兄弟配偶	舅嫂、舅弟妇	阿姐、嫂嫂、妹妹或呼名字	阿舅姆
妻之姐妹	内姐、内妹	阿姐、姐姐、妹妹或呼名字	大阿姨、阿姨妹
妻之姐妹丈夫	连襟	以哥弟相称或呼名字	连襟

四、其他称谓

侃、吾——我
男客——男人、丈夫
那——你们
吾子——儿子
我侃——我们
野婆娘——巫婆
伊——他
助婆——接生员
侬——你
姆嫚——母亲、娘
伊拉——他们
小把戏——儿童
小长——小辈、后代
后生——小青年
囡吾——女儿
阿唔——阿哥
男将、当家人——丈夫
奶末头——最后一个女儿
男囝头——男孩
女客——女人、妻子
杜杜——父亲的姐姐
伯姆淘里——妯娌之间
饭郎头——成长中的孩子
采花姐——好哭的女孩
寄爷——姨夫、姑父
大老倌——同辈稍长男人
新客人——新郎
大大——祖父、外祖父
屋里人——妻子
太太——曾祖父母一辈人
大娘子——妻子
舍姆娘——产妇
朝头团——十五、十六岁男孩
娘娘——姨妈、姑妈、泛称比母亲年轻女子
芦花头娘舅——与母亲同宗或亲戚中同辈男性

第二章　民间文学

芦潮港地区成陆历史仅一百二十余年，形成村居仅百年之久。其人口又多为外地逃荒农民和塘西地区迁入农民，解放前生活极为贫困，农民几乎全为文盲，仅留下少量传说、民谣、谚语。解放后，随着经济、社会发展，外来文化渗入，逐渐形成一定规模的民间文化。

第一节　地方传说

一、“芦潮港”地名的来历

芦潮港原名“路漕港”，成名于民国 24—27 年（1935—1938 年）之间。芦潮港原为一条河的名称，1949 年解放后，逐渐作地名称呼。1960 年建芦潮港水闸前，民间又称“西渔厂”（书院东风渔厂为东渔厂）。

芦潮港是通潮出海港河，形成于清宣统二年（1910 年）至民国 24 年（1935 年）间。清末民初，该地逐渐形成村居，多为渔民，渔民出海捕鱼都从“角头港”（兴隆港东南）进出，但“角头港”出滩较远，且多淤泥，道路泥泞，行走困难，于是有渔民从“角头港”东侧的密集芦苇滩中朝东南方向出海。开始时人不多，渐渐地走这条路出海的渔民越来越多，日积月累，芦苇滩中踩出了一条小路。民国后，小路路面越来越宽，地面也越踩越低，经过无数次的大潮汛，低陷的路面渐渐冲刷成一条约 5 米宽的深漕。民国 24—27 年（1935—1938 年），渔民称其为“路漕港”。此后，地方政府和附近农民、渔民都沿用了这一港名，同时把附近地区也称为“路漕港”，成为代表一方的地方名。

1960 年，南汇县人民政府在路漕港口建三门节制水闸，上海市副市长宋日昌在为水闸题名后，根据该地地理风土，建议用谐音将“路漕港”改为“芦潮港”。

二、庙港的传说

庙港是一条通海港河，民国27年(1938年)前后开始作为地名。

清末民初，已形成一定村居规模的汇角东部地区水灾不断，危害一方。民国8年(1919年)地方政府在现庙港东南两侧建2只“木水洞”于圩塘，以解决东南沿海特别是泥城横港一带和汇茂东部地区的出水。2只水洞出海的水，先在离水洞约500米处汇合后再流入一条通海的天然港泓，再经水洞出海，此天然港泓就是庙港的前身，但其时并不称庙港。

民国27年(1938年)前后，浙江余姚、绍兴一带沿海农民，常在风平浪静时驾船过杭州湾到南汇沿海海滩挖蟛蜞、钩蛏子、卖山芋干。现庙港一地往往是他们集散之处。因通海的天然港泓北200米处有一“天妃宫”，余姚、绍兴人称“天妃宫”为“庙”，于是就称该港泓为“庙港”，久而久之，“庙港”的称呼传了下来，并为当地居民所接受。接着，人们将庙港附近的地区统称为“庙港”，作为一地方名，就固定了下来。

解放初，庙港河重新开挖，1953—1954年冬，集数百民工疏浚，因当时该地贫穷，很多农民以“草头”代粮充饥开河，庙港河竣工后，有人戏称其为“草头河”。

三、“听皇帝圣旨”

京城的街头巷尾，到处在议论着民间有一位专门捉乌龟的农夫，据说每天要捉几十只。一传十，十传百，有一天，此事传入皇帝耳中，皇帝将信将疑，决定亲自考考他。为此，派大臣寻找此农夫，带来面君。

没几天，捉龟农夫被带到京城，一宦官领农夫前去拜见皇帝，皇帝说：“朕听说你很会捉乌龟，是真的吗？”农夫答：“是真的。”皇帝又说：“那好，限你三天，在皇城里捉一百只乌龟拿来给朕看看，不得有误。”农夫领旨而去。

翌日，农夫开始捉乌龟，连续三天抓紧时间寻找，捉到第三天晚，一数，捉到九十九只，缺一只怎么办？要是凑不满百只，那可是欺君之罪，要杀头的。他再三寻思，想出一法，立即动手，连夜用木头雕了一只木乌龟，并用黑漆把木乌龟涂成真乌龟一样。

第四日清晨，农夫背了一麻袋乌龟到朝堂之上，宦官领其去面君。皇帝问：“捉满一百只了？”农夫答：“捉满了。”并将一麻袋乌龟倒在地上请皇帝过目，乌龟落地时都把头缩进去了，唯独木乌龟不会缩头，农夫吓出了一身冷汗。此时，皇帝问:“为什么这只乌龟不缩头?”农夫急中生智回答说:“这只乌龟正在听皇帝圣旨。”

四、弄巧成拙

有一个才华出众的女子嫁了一个徒有其表的男人。有一天,女儿得知明天亲爷要来望女婿,她知道父亲的习惯,怕自己木讷的丈夫出洋相。为了绷面子,吃好夜饭后,教丈夫明天应答之法,对其讲:明天老爷看见侬后的第一句话肯定会问令尊大人在哪?侬就讲:在普陀山烧香,同和尚两人相会。第二句话肯定会对伲门前的石桥大加赞扬,讲迭座石桥造来赞来,侬就讲:靠众工之力。当父亲走进客堂里看见墙上挂的几幅画,他肯定会连声称赞好画、好画,侬就讲:这是唐伯虎画的,并要其背一遍,叮嘱记牢别讲错。

翌日,父亲真的来了,小夫妻俩迎到石桥前,叫应后,丈人问女婿:侬令堂大人在哪?女婿回道:在普陀山烧香,同和尚两人相会。丈人惊异!恰在这时小外孙跑出来叫外公,丈人抱起外孙讲:迭个囝赞来。女婿接口讲:靠众工之力。丈人面露不悦,讲:侬迭种啥闲话。女婿答:这是唐伯虎画的。

第二节 地名小传

一、芦潮港镇的来龙去脉

一提起芦潮港镇,人们往往会想到南汇东南沿海的渔港小镇芦潮港。然则,行政区域意义上的芦潮港镇,却是泛指芦潮港地区,包括原芦潮港小集镇和原果园乡全境。

芦潮港小集镇形成于人民公社化后的 1960 年。其时,泥城、书院、彭镇、新港、祝桥、东海等 8 个人民公社在芦潮港水闸河两侧建房,成立各自的捕捞大队。3 月,三门挡潮排涝闸建成;不久,水产收购站、小商店、派出所相继建立。除本县各公社的捕捞大队外,外省市、外县渔民船只也纷纷聚集于此,开展近海捕捞作业。至 1984 年,渔港小集镇已聚集各方渔船 99 条,渔民 778 人;同时,南汇县各相关局行派出机构入驻港口,部队、国家船监、检疫、测绘等部门也设站于此,形成 7 乡 8 局 32 个单位入驻小集镇的局面。1984 年,芦潮港成为全国 366 个著名渔港之一。为了更好地开发建设渔港小集镇,1989 年 4 月,上海市人民政府批准建立县属芦潮港镇，辖地 6 平方公里。至此，芦潮港镇正式形成，但属地仅含两村一居委，即划原果园乡的汇角村 1，2，13 组，庙港村的 1，2，3，14 组，征海村的 1，2 组，共 9 个村民小组组成的芦潮港村和原泥城乡划拨的远征村。原小集镇则成立一居民委员会。全镇共有人口 1 003 户，3 305 人。

原果园是 1958 年 10 月建立的华东地区最大的万亩果园，全称为泥城果园园艺场，隶属泥城人民公社，下辖外中、汇茂、汇角、庙港、征海 5 个大队(其时称 1—5 个工区)。1984 年 4 月，全县撤社建乡，果园人民公社改建为果园乡，仍隶属南汇县人民政府，所辖工区改称相应的“村”。果园乡全境 14.5 平方公里(1989 年 4 月后划出部分村组，为 12.5 平方公里)，计 3 167 户，10 016 人。

1993 年 3 月，经上海市人民政府批准，撤销原芦潮港镇、果园乡建制，建立新的芦潮港镇，隶属南汇县人民政府，下辖 7 村 2 居委，全境 18.5 平方公里。至此，行政区域意义上的芦潮港镇形成。境域内有两个小集镇，即芦潮港集镇和果园集镇，镇人民政府设于芦潮港集镇。

二、果园镇

果园镇原处白龙港、庙港河交汇处。1960—1993 年，先后成为泥城果园园艺场、果园人民公社、果园乡以及芦潮港镇领导机关和乡镇人民政府机关驻地。后镇政府机关搬迁至芦潮港原老镇，果园镇成为新芦潮港镇南北两大集镇之一。

果园集镇形成于 1960 年秋，自果园园艺场场部从二工区(汇茂村)搬迁至此后逐渐成镇。2001 年，是集镇发展顶峰时期，镇区面积 15 万平方米，建筑面积 7 万平方米，绿化面积 0.41 万平方米。全镇 1 个居民委员会，5 个居民小组，11 290人。2000 年，被评为上海市二级卫生城镇。镇中心分别有东西、南北长街，集文教、金融、卫生、党政机关于一处；集镇有企事业单位 30 家，更是上海、南汇水果和水产品的主要集散地之一。

2002 年开始，因临港新城建设需要，整体拆迁半个集镇；两港大道在镇北飞越而过，直接与 S2 高速公路和同盛大道相联。

三、糖厂

糖厂在六七十年代是果园集镇的代名词。

1960 年秋，随着果园园艺场场部迁入果园集镇，园艺场开始在集镇中心筹建以糖甜菜为主要原料的制糖企业——果园糖厂。1961 年投产后又增加粉丝制作和烘菊花制药项目，成为当时南汇塘东地区较大的工业企业。糖厂是芦潮港地区最早社队工业的先行者，因建在果园镇，人们到集镇去都说到糖厂去，久而久之，糖厂成了地名并沿用下来。

1965年后，糖厂受政治运动影响，逐渐停办，不久又改为粮食加工厂。但其标志性建筑“糖厂烟囱”直至90年代初才被拆除，数十年间，一直是芦潮港地区的标志性建筑，也是糖厂地名的标志。

四、江阴厂

江阴厂旧址位于原外中村7,8,13组，有南江阴厂和北江阴厂之分。民国元年(1911年)，江苏省江阴县遭受严重自然灾害，不少农民背井离乡，逃荒江南。其时，外中村已自北而南形成村居，地名称新套围、东胜围、西胜围。逃荒南来的江阴人中有不少人流落至东胜围，在东胜围一带开荒种地并繁衍生息。民国25年(1936年)，国民政府改保甲制。民国29年(1940年)，强化保甲制时进行户口登记，因该地住的人口大多由江阴迁来，所以该地就取名为江阴厂，当时每家住户的门牌上印有“江阴厂”字样。

2005年，外中村已整体拆迁，江阴厂地名亦不复存在。

五、江北埭

原址位于汇角村1,2组，兴隆港西，五七农场东，里塘河以南，距果园镇2公里。1989年后划归芦潮港村。

江北埭原是一片海滩柴荡，民国33—34年(1944—1945年)间才围建套圩，围垦筑堤人为彭镇马厂沈曲背，所围之地43.33公顷均为其所占。居民由川沙六团等地迁入，计13户、30余人。1946年后，江苏吕泗、盐城、海门、启东等地贫民不断入迁，至解放前夕，已有27户、83人。由于大部分来自江北，说话口音都是江北语音，乡人称其为“江北埭”，江北埭就成了地名。

六、天主堂

民国19年(1930年)5月，上海公救进行会会长陆伯鸿在浦东南汇地区创建多座天主教堂，汇角地区在原汇茂村5组徐永安宅后也建有一所。天主教传入，其时有教徒62人，5年后发展到200余人。天主堂初为传教，后兼教书，由张成立任传教师。1935年开始，杨步青接替张成立，教堂在传教的同时兼教书。

1937年徐茂财接任后翻建教堂，扩招学生。抗日战争胜利后，传教活动彻底停止，教堂正式改为初级小学，解放后改名汇中小学。

解放初天主堂已成为公共场所。1950年开始，白天小学生上课，晚上则成为民校、冬校和汇茂业余沪剧团活动的地方。因人员来自四面八方，到民校上课则讲到天主堂去，至此，天主堂已成为人人熟悉的地名。

1992年，汇中小学停办，天主堂产业封存。2004年，因建设浦东铁路芦潮港集装箱中心站，天主堂拆除，地名也不复存在。

七、芦潮港港口与发展

20世纪二三十年代，长江三角洲的东端已延伸到离上海70公里的万亩果园一带。民国24—27年(1935—1938年)"路漕港"形成，成为沿海渔民出海主要通道。但其周围，直至50年代初还是一片荒滩、柴塘。

1954年，泥城、汇茂一些渔民利用地理条件，在"路漕港"口办起渔业互助组，称"搁头港渔业组"，在该地进行近海捕捞。1955—1956年，彭镇等地的渔业互助组也相继在此建立。1958年冬公社化后，泥城、汇茂、彭镇部分渔业组在"路漕港"口联合办起"泥城外洋捕捞大队"。1960年后，书院、新港、祝桥、东海等8个人民公社也先后以此为基地，置起机帆船，建立外洋捕捞大队，从事海洋渔业生产。

"路漕港"口的滩涂，随着每天2次潮水昼夜不息的顶托，因不断淤涨而向东南伸展。据记载，自1911年至1982年，涨滩达1 852米，年平均淤涨滩涂26米。为确保南汇东南地区人民生活、生产的安全，1960年2月，上海市人民政府在"路漕港"南口建5孔排涝挡潮水闸，同时把"路漕港"改名为"芦潮港"。

1962年3月，水闸重建(原水闸因设计原因于1961年11月7日晚全部坍毁)，各捕捞大队分别于重建后的水闸港口两侧建房入住，地方驻军部队(洋山联络站)用登陆艇开辟了芦潮港—洋山航线。至此，芦潮港港口形成，并成为日渐繁荣的渔港小镇。

芦潮港港口形成后，渔民日渐增多，据1984年统计，在港口作业的南汇8个公社捕捞大队有渔船40条，渔民455人；外省、外县作业渔船30条，渔民166人；其他个体渔船29条，渔民156人。为确保港口地区安全，1962年底，南汇县公安局在港口建立芦潮港派出所。为确保鱼鲜收购、渔具供应，1983年前后，水产收购站、贸易站成立。

因独特的地理位置和海防要地的重要性，水闸重建后，海塘养护管理所、水文站、外洋修配站、上海航道局测量站、中华人民共和国芦潮港船舶监督站、刑警队等机构相继建立，形成7乡8局、32个单位入驻芦潮港的局面。1984年，芦潮港成为全国366个著名渔港之一，年运上海市区24万担鲜鱼，成为上海最大的渔港。

港口形成后，小集镇迅速发展。1986年5月，芦潮港开发区管理委员会成立；1989年4月，上海市人民政府批准芦潮港建县属镇，辖2村1居委，全镇面积6平方公里。

1986年11月19日，中共中央总书记胡耀邦视察芦潮港港口，勉励港口建设者"你们要搞好海岸线开发"。1987年11月，芦潮港300吨级浮式简易码头落成，成为上海第一座伸向大海的码头，"申—宁—普陀山"三角航线成功开辟。1993年，芦潮港港口被国家批准为上海市一类口岸。同年10月18日，简易码头(1987年后已改建为有4条航线的固定码头)西移，建新车客渡码头开工；1995年6月17日，3 000吨级车客渡码头竣工，"海上公路"开通，芦潮港港口进入新的发展时期。

芦潮港港口位于上海黄金海岸的北部，是长江口和杭州湾的交界点，位于长江口渔场和舟山渔场中心，距嵊泗岱山渔场40海里。港口离宁波54海里，离普陀山56海里，离岱山、嵊泗分别为45海里和35海里。1996年底，芦潮港车客渡码头已开辟4条客轮航线，1条车渡航线，共有6艘客轮通航，全年进出客流8.5万人次。与此同时，港口"六快二慢"高等级公路与沪南公路连接，边防、检疫等机构入驻，芦潮港港口已真正成为吴邦国同志题词的"港口城镇"。

第三节 要事记实

一、李公塘决堤抢险记事

1949年7月28日(农历6月29日)，6号强台风过境，最大风速39米/秒，风力12级。该日，正值潮汛，又遇暴雨，日雨量达148.2毫米。在急风、暴雨、高潮的袭击下，原已千疮百孔的袁公塘、李公塘、预备塘，堤毁40公里，堤身被冲平的达10余公里，造成严重的人畜伤亡。南汇县淹死1 211人，淹死牲畜26 702头，冲毁、冲倒房屋1.8万多间，损失粮食2 075.4吨，淹没农田1.17万公顷，3.57万多人无家可归。

那天，芦潮港地区毗邻的书院海堤决口严重，其东部地区一片汪洋，汹涌的海水很快殃及芦潮港地区，至该日黄昏，3 000 多亩土地被吞噬，其水大可行舟。所幸境内地势略高于书院，人员转移至彭公塘圹基上，免遭于难。第二天天明后，海水仍未退，书院方向漂来的人畜尸体比比皆是，空气里腥臭冲天，其景惨不忍睹。泥城(含芦潮港地区)地区灾情较轻，受灾 286 户，毁房 215 间，死亡 60 人，死牲畜 80 头，受灾面积 6 750 亩。书院受灾最重，受灾 3 400 户，毁房 7 815 间，死亡 408 人，牲畜死亡 8 800 头，受灾面积 35 000 亩。

水灾发生后，中共南汇县委一面发出紧急救灾指示，一面向专署请示报告。中共松江地委和专署领导知道情况后立即赶赴南汇，号召全专区共产党员紧急行动起来，投入抢险救灾工作。中共华东局书记、上海市长陈毅在得知灾情后表示:“我代表上海八百万人民表示全力支援，……你们要人给人，要物给物。”各乡也组织成立了救灾委员会。当时解放才 2 个月，1949 年 5 月 16 日刚成立的南汇县人民政府立即组织救灾工作，组织大批物资运抵灾区；大团区农、工、商、民捐赠大批面粉、面包、衣物及建房材料送往沿海。同时，县政府又及时组织力量，以工代赈，抢险救灾。中国人民解放军派出部队立即赶赴灾区，军民一起，一面排除积水，帮助群众抢种晚秋作物，发展副业生产，安置群众生活；一面投入海塘抢修。

抢修冲塌海塘工程于 8 月 23 日开工，9 月 8 日完工。修复后的海塘长达 41 公里，完成土方 65 万立方米，用工 62 万个，筑成高 3.5 米，顶宽 3 米，底宽 13 米，坡度 1∶1.5 的土塘。并在原决口处加插木桩 12 000 根，麻袋堆土 30 多万只，芦枕 266.5 吨。

1950 年春，人民政府一面号召灾区灾民开展生产自救，一面向灾区发放大批救灾粮、种子、肥料，国家下拨和各界捐献的钱物主要有：人民币(旧币) 180 110 424元、大米 38 万公斤、面粉 8.2 万公斤、稻谷 26 万公斤、三麦 34 万公斤和其他饼肥、秋播种子、建材等。与此同时，再次组织民工加固、培修新塘。培修工作至 1957 年才全部结束，自此，人民塘成为东部沿海的重要屏障。芦潮港地区人民，则始终参加了救灾、抢险、筑塘、培塘等工作。

二、血染的土地　世纪的风采

上海市南汇区芦潮港镇位于长江与杭州湾的交汇处，毗邻东海，南与普陀山、嵊泗、大小洋山隔海相望，是上海通往沿海各大岛屿的重要交通门户。这里，旧称汇角，曾打响上海浦东抗战第一枪。当年，浦东地区第一支中国共产党领导的抗日武装浴血奋战于此。如今，这一片血染的土地，已成为洋山国际深水港建设的前沿阵地。沪芦高速、东海大桥、浦东铁路、洋山保税港区、临港国际物流园区等一个个重大城市基建项目的完工，使芦潮港镇步入了快速发展的新时期，走进了日新月异的新时代。这是对先烈英魂的最好告慰，是昔日战地树起的一座座丰碑。

打响浦东抗战第一枪

民国26年(1937年)8月，日军占领上海，浦东一片混乱，一些进步人士在中国共产党的号召下，酝酿成立抗日武装。年底，大团镇人吴建功在南汇泥城地区组织泥城“保家卫国自卫队”，开展抗日活动。民国27年(1938年)初，曾任中共南汇县委第一任书记的周大根，受中共江苏省委派遣，到泥城与吴建功一起发展抗日武装。同年2月，中共浦东工作委员会趁国民党县政府建立南汇县保卫团之际，通过关系取得南汇县保卫团第二中队番号，于是泥城抗日自卫队扩编为“南汇县保卫团第二中队”(简称“保卫二中”)，周大根任中队长。“保卫二中”纪律严明，被群众誉为“模范部队”，仅半年，部队壮大至200余人，下设5个区队，成为浦东第一支中国共产党领导的抗日武装，并于1938年12月16日在汇角打响了浦东抗战第一枪。

1938年12月，日军为“肃清外围”，在浦东沿海大举扫荡。13日，他们从周浦、南桥等驻地出发，取道新场、大团，直逼“保卫二中”驻地泥城横港。为避其锋芒，周大根率部分区队撤至汇角(今芦潮港果园集镇东南)。12月16日，日军出动600余兵力，在2架飞机和东海洋面上的汽艇配合下，对周大根部队形成合围。上午10时，战斗打响，“保卫二中”正面和左右两侧是日军，背后是大海，战士们英勇冲杀突围，重伤日军数十人，战斗持续三四个小时，终因寡不敌众而失利，除部分战士突围外，中队长周大根和其他27名战士牺牲在汇角芦苇塘(今果园镇卫生院东100米处和今汇角村7组)中。当日，日军又残杀汇角贫民13人，烧毁房屋48间。

“汇角之战”震惊上海，当时的《申报》在报导中称其为“打响了浦东人民抗战的第一枪”。自此，抗战的烽火，在浦东大地上熊熊燃起。

永远的怀念

周大根等28名战士牺牲后，浦东各界召开追悼大会，高度颂扬死难烈士是“中华民族最优秀的儿女，民族解放最坚决的战士”。突围后的“二中”战士也为此发出了《告友军书》。"保卫二中"经汇角之战，部队损失惨重。战后，吴建功接任中队长。1939年，经中共浦委决定，部分队伍改编入南汇县保卫团第四中队。同年秋，"保卫四中"扩编为南汇县抗日自卫团第二大队（简称"抗卫二大"），成为中共领导的又一抗日武装。1940年10月，"抗卫二大"改编为淞沪游击队第五支队，并于1941年夏开始奉命分批南渡浙东。1942年9月，五支队朱亚民部返回浦东，发展壮大部队。1943年9月，朱部改为浙东三北游击司令部浦东支队。1944年11月，部队扩编后改称为新四军浙东游击纵队淞沪支队，成为浦东抗战的中坚。

汇角之战后，1940年9月，中共地下党在汇角战地、28名英烈牺牲地附近，把原汇角小学改建为"秋萍小学"（周大根学名周秋萍），以示纪念，学校成为中共地下党秘密活动场所。1991年，扩建后的秋萍小学成为乡镇中心校。在校区内设立"周大根烈士革命斗争事迹陈列室"，并被批准为"南汇县青少年革命传统教育基地"以育后人。1999年7月，秋萍小学和芦潮港中学合并，成立芦潮港秋萍学校。先烈的英名，成为人们永远的怀念。

战地丰碑

汇角之战已过去68年，这片曾经血染的土地上已树起座座丰碑，这是对先烈最好的祭奠，是对英魂最深切的告慰。

1949年4月，汇角解放，建立人民政权。

1958年冬，汇角办起华东最大的万亩果园，成为上海的水果之乡，并开始彻底改变"穷汇角"的面貌。

1991年春，万亩果园成功举办上海第一届桃花节，成为闻名四方的世外桃源。

1993年，芦潮港被列为上海市一类口岸。

1995年，芦潮港车客渡码头竣工，海上公路开通，汇角成为名副其实的上海南大门。

2002年，上海洋山国际深水港、临港新城、跨海大桥建设全面启动，芦潮港镇成为国际深水港建设的前沿阵地。

2005年，洋山国际深水港港开、桥通、城用，临港新城已逐步建设成为上海最大的辅城。芦潮港作为她的分城区，沪芦高速、东海大桥、浦东铁路、洋山保税区、临港国际物流园区、居民园区等一个个重大基建项目已完工。在68年前的汇角战地上，一个生态环境优美、基础设施完备、商业功能齐全、现代服务业高度发达的滨海城镇正在形成，正在成为东海之滨人气集聚、富有魅力的临港新城。

我们可以笑对九泉之下的先辈，告慰汇角之战中的英烈，你们曾经血染的土地上，正树起座座丰碑，这是你们理想的化身，这是你们英名铸就的风采。

安息吧，打响浦东抗战第一枪的汇角战地，将风采尽展。

三、海塘、民圩

芦潮港镇是近百年来从海里一点一点长出来的。远在"三国"时期，今日富庶的长江三角洲还是汪洋一片。随着夹带着近10亿吨泥沙的长江，钱塘江两股水流在上海东南海面上的交汇，东海浪涛又每天2次向岸线顶托，昼夜不息，终于泥沙沉积，创造了长江三角洲。至20世纪二三十年代，一千多年的自然淤涨，长江三角洲的东端已延伸到离上海70公里的芦潮港果园一带。为了生存、发展，海塘不断外延，造就了片片新的土地。这既是传说，更是现实的历史，是芦潮港海洋文化的重要组成部分。

(一) 海塘

1. 彭公塘(王公塘)

芦潮港镇境内最早的海塘。起于川沙境内，迄于原果园窑厂北端，是三四十年代南汇东部地区重要屏障。彭公塘，清光绪《南汇县志》记载为王公塘，但民间传称为"彭公塘"，解放后的测绘图均以彭公塘记。

民国《南汇县续志》记："王公塘在钦公塘外，清光绪十年(1884年)，知县王椿荫、渝董陈尔赓、苏学海等借款兴建。自一团泥城南角起至七团川沙界为止。长11 388丈8尺，高6尺，面宽1丈，底宽3丈，每丈用土16立方米，共土方136 665方5分。塘西开护塘河一条，以河泥作塘，又开支河20道，长8 201丈1尺，共土方26 811方4分5。筑土码头28座，每座用土42立方米。开挖水洞6处，中埋瓦洞30个。造小木桥105座，望棚21间，各段竖立石碑，每隔一丈，栽杨柳一支，又填筑洪口水港多处。共用钱32 519千80文。"

王公塘何以在民间传称"彭公塘"?《南汇县竹枝词》(民国6年倪斗楠著)载，"王公塘成于王驿生邑候(即知县王椿荫)，实发起于崇明人彭以藩，募捐集资，任劳任怨，襄理匠工始终费懈"等语。据塘址所在的新港几位老人吴阿江、潘金楼、盛玉林口述："彭以藩是白衣人(无官职)，住原新港乡路北村中心场旧址，此塘是他请命允准、筹款兴建的。"经走访彭以藩第四代曾孙彭阿林，从其回忆祖传留言，确有做过筑塘好事，并推算年代也符合，故民间传称为"彭公塘"。

彭公塘已于六七十年代"农业学大寨"运动中被平整。芦潮港境内段，自果园窑厂旧址起，沿白龙港北上至书院境均为人行大路。

2. 李公塘

清光绪三十一年(1905 年)南汇遭台潮侵袭，钦公塘(彭公塘西，今 631 路公交线南汇惠南至大桥段)、彭公塘冲塌殆尽。清光绪三十二年(1906 年)，知县李超琼领筑新塘，北起川沙撑塘，南至原果园乡庙港。全长 32.5 公里，称"李公塘"。李公塘今芦潮港镇段，为人民塘旧址。

民国《南汇县续志》载："李公塘在王公塘外，清光绪三十一年(1905 年)，风潮冲坏塘圩，淹没农田，绅一一董盛家等请知县李超琼筹筑新塘。清光绪三十二年(1906 年)兴工，南起一团，北迄川沙撑塘，长 9 740 丈，高 7 尺，面宽 1 丈，底宽 3 丈，每丈作土 14 方，共 50 360 方，每方给线 240 文，共给钱 36 864 文。塘内除三团希河港北、老港南留 3 丈外，一律留余地 6 丈开河 1 道，深 4 尺，面宽 4 丈 1 尺。全塘建木桥 36 座，木闸 5 座，又遍修泄水石洞。"

3. 人民塘

1949 年 7 月 24 日(农历 6 月 29 日)，南汇解放后 2 个月，6 号强台风过境，正值大潮汛，又遇暴雨，袁公塘以及相接的李公塘、预备塘(1948 年 2 月，在李公塘西添筑的海塘，不在芦潮港镇境内)三线被冲决多处，造成南汇特大水灾。其中书院段决口，殃及芦潮港果园，灾情严重。1949 年 8 月 3 日始，在县人民政府领导下，在旧塘原址上进行修筑。塘身北起川沙县界，南至庙港，全长 41 公里，塘高 3.5 米，顶宽 3 米，底宽 13 米，坡度 1∶1.5，共筑土 65 万立方米，在原决口处加插木桩 12 000 根，麻袋堆土 30 多万包，芦枕 266.5 吨。1950 年春至 1957 年春分期分段进行培塘浚河。培塘后塘高吴淞零上 7.5 米，顶面宽 5 米。1950 年，经陈毅市长提议，新筑海塘命名为"人民塘"。该塘芦潮港境内长 5.2 公里，是五六十年代芦潮港重要临海屏障。

4. 胜利塘

1974 年，南汇县投资兴建。东滩，北起川沙界，南至芦潮港，长 34.28 公里；南滩，西自奉贤界，东至芦潮港，长 11.72 公里。两滩塘高均为吴淞零上 7.5 米，顶宽 5 米。完成土方 278.2 万立方米，总投资 185.9 万元，圈围土地 46 290 亩。其时，因奉贤作海塘命名团结塘，因而南汇所筑塘命名为胜利塘，取团结胜利之意。此塘东滩芦潮港镇境段 2006 年已成临港新城南北路基，芦潮港境内长 5 公里。

5. 七九塘

距胜利塘 0.4 公里处，1979 年筑塘，命名七九塘。北起川沙县界，南至庙港，全长 32.37 公里。七九塘除挡潮外，实为圈地而筑，该塘圈围面积 18 808 亩。2006 年，此塘芦潮港境内段已成临港新城南北路基，芦潮港镇境内长 4.5 公里。

6. 八五塘

距七九塘 1 200 米，自汇角向北至大治河出海闸南岸。全长 17.3 公里，芦潮港镇境内 5.2 公里，堤顶高 8 米，宽 5 米。2005 年，已成为境内临时路基。

7. 世纪塘

南汇 20 世纪最后一条海塘。位于芦潮港东滩，1996 年起，上海垦植公司投资促淤围垦，至 2002 年，全区在 6 年内围地近 20 万亩，为保护圈围土地，东南角筑世纪塘。

世纪塘东西走向，西起芦潮港东侧东丁一坝，东至上海人工半岛导堤西端，全长 3.58 公里。堤顶标高吴淞零上 8 米，顶宽 6 米，外坡 1∶3，用浆砌块石护坡；内坡 1∶3，草皮护坡。1999 年 12 月 31 日动工，2000 年 11 月 15 日完工。围海面积 866.67 公顷。

（二）民圩和围海造田

芦潮港镇境内在海塘建筑同时或前后，为圈围新涨滩涂，常筑民圩，由圈围地者投资。

清光绪十年（1884 年）筑彭公塘后，经李公塘、袁公塘，直至 1949 年筑人民塘，其间 65 年，彭公塘向东南延伸 3.14 公里（至人民塘），平均每年伸展 48.3 米。1958 年后推行人工种青促淤，至 1985 年，27 年间滩涂延伸 0.75 公里。八五塘兴建后，堤外滩涂延伸又迅速加快，为围海造地创造了条件。

芦潮港境内筑民圩造田的有：1960 年，人民塘外的老芦潮港至车路港筑民圩，围地 69.3 公顷，成为后来的林场和征海村的一部分；与此同时，远征大队的老芦潮港至新开港筑民圩，围地 28 公顷，成为远征村的一部分；1972 年，庙港至老芦潮港筑圩，围地 120 公顷；1974 年冬，胜利塘外的庙港东南筑圩，围地13.3公顷，建“创业场”；1999 年 11 月，上海市垦植公司投资 1.9 亿元，围垦上海人工半岛，2002 年圈围成功，3 年造地面积达 3 533 公顷，人工半岛初步形成。

第四节　民歌民谣

一、江北埭民谣

衣：

老大穿新，
老二补丁，
老三穿筋。
有的地方补搭补，
无的地方肉露露，
头上帽子开花顶，
脚上鞋子脱后根。

食：

一篮青菜一两米，
只见青菜不见米。
一日两餐麦粥汤，
蟛眼洞里吊盐水。
要吃白米饭，
等到年夜饭。
青苗节节长，
穷人饿断肠。
春雨淅淅响，
饿煞亲女婿。

住：

环筒舍、泥涂灶，
芦菲门口无脚床。
朝天睏看见七撮星，
侧转睏看见过路人。
风扫地、月当灯，
东南风向自开门。

屋外雨停屋里湿，
一年四季烟迷迷。

说明："江北埭"是汇角最穷地区，其最初的居民为上世纪三四十年代来自苏北逃荒农民，定居地称"江北埭"，生活极为艰苦。此民谣收集于汇角老一辈百姓口中，反映解放前农民的贫困生活。

"环洞舍"，用芦菲搭成的环形简陋小屋。"无脚床"，指地铺。"青苗节节长""春雨淅淅响"，指4月麦收前青黄不接时期。

二、讨饭歌

汇角穷人命真苦，
正月初一去讨饭。
一手拿根破竹棒，
一手提起讨饭竺。
拖儿带女哭一路，
寒风刺骨冻脚板。
讨饭讨到洋溢港，
地主人家放狗咬。
讨饭讨到二灶港，
乡丁恶霸似虎狼。
讨饭讨到外三灶，
日本强盗路上挡。
讨饭讨到潘家泓，
小团小郎饿断肠。
西村大娘救我命，
穷人只好穷人帮。
冷粥冷饭讨一碗，
回家还要把公婆养。

说明：此歌流传于解放前、抗日战争时期。"汇角"解放前有三分之一农民长年讨饭，三分之一农民季节性讨饭。

三、节气农事歌

小寒大寒紧相连，三麦油菜腊肥添。
二月立春雨水前，春菜播种抢时间。
惊蛰春分雷雨动，整平秧田莫放松。
四月清明谷雨天，种棉种豆要提前。
五月立夏望小满，棉要中耕稻莳秧。
芒种夏至日头长，夏收夏种正农忙。
七月小暑连大暑，耘稻拔草背朝天。
立秋过后处暑到，瓜果落场新姜鲜。
九月白露加秋分，新棉露白捉花天。
寒露霜降艳阳天，割稻甩谷种三麦。
立冬小雪十一月，种草拍麦拔萝卜。
大雪冬至三九天，开河积肥选好种。

说明：此歌流传于解放后农业合作化时期，集体生产时一般有种田经验的老农、队长都能哼上几句。每节前句有2个节气，后句为主要农事。

四、怀胎宝卷

“宝卷”，原为佛教宣传经法的一种形式，又称“仙卷”，以劝人积德行善、因果报应等为主要内容。“怀胎宝卷”曾在解放前流传于南汇东南地区，后传入芦潮港，在部分民间“文化人”中传唱。20世纪70年代，陈国良（原汇茂村八组人，已故）曾传唱多次，参照有关资料，整理如下：

怀胎宝卷初展开，诸佛菩萨降临来，
善男信女听一遍，方晓娘恩报不完。
娘腹怀胎一月初，起居饮食不安和，
唯恐自身生疫病，半忧半喜真难过。
娘腹怀胎二月初，四肢无力腿肚痛，
日间只想床上睡，又怕婆婆骂媳妇。
娘腹怀胎三月来，终日无心对镜台，
三顿茶饭无滋味，瞒着丈夫泪涟涟。

娘腹怀胎四月来，满身不适象病染，
闻着油腻就打恶，吃一回来吐一回。
娘腹怀胎五月来，双脚浮肿步难展，
胎儿腹中微微动，日夜不安难睡眠。
娘腹怀胎六月中，夏天炎热怕蚊虫，
咋恐腹大难消受，紧束布裙不放松。
娘腹怀胎七月间，日常劳动更困难，
行动如同刀割肉，跨过门槛象过山。
娘腹怀胎八月秋，面带黄色身变瘦，
金银首饰无心戴，不想梳头懒妆扮。
娘腹怀胎九月末，小船重载受惊呆，
破船过海经大浪，那得安宁卸货船。
娘腹怀胎十月边，临盆生产苦难言，
横生临产多凶险，母命存亡呼吸间。
幸得儿生两命全，娘亲憔悴损容颜，
儿眠干席娘卧湿，哺乳何是顷刻间。
转眼儿身七尺长，问君知否孝亲娘，
倘若不把娘恩报，问问自身舍人养。

五、十二月花鸟联名歌

正月梅花开来心里芳，
凤凰原是鸟中王，
羽禽三百六十它为首，
丹凤来兮出圣王。
二月杏花开来满枝头，
鸳鸯出身在湖州，
一雌一雄夫妻做，
双飞双宿到白头。
三月桃花红又红，
呼风唤晴是鹁鸪，

口中不吃虫和蚁，
一生吃素念弥陀。
四月蔷薇开来香气飘，
老鹰飞到半天高，
三个盘头忽落地，
老母鸡性命就难逃。
五月石榴花开来红点点，
野鸡头上插戏旗，
身穿一件印花衣，
尾巴拖枪着地飞。
六月荷花开来水当中，
野画眉原是好喉咙，
清早树上高调唱，
鸣鸟之中称英雄。
七月凤仙开来满庭心，
白头翁原是好良心，
未死爷娘先着孝，
头上常戴白条巾。
八月桂花开来透墙头，
鹦哥打扮第一流，
嘴巴上涂着红唇膏，
身上披着绿毛裘。
九月菊花开来叶头齐，
喜鹊报喜最稀奇，
人人赞它好打扮，
短白布衫黑领衣。
十月芙蓉开来引小春，
鱼儿子武艺十分精，
身上穿件绿夹袄，
嘴装长枪捉小鱼。
十一月水仙开来冷清清，

白相人尽兴斗鹌鹑，
搭起高台排场大，
得胜回来封将军。
十二月腊梅花开来收场，
黄白郎凶来要吃娘，
要学慈鸟能尽孝，
天天寻食喂亲娘。

说明：此歌流行于20世纪五六十年代，先在民校“冬校”中传唱，后大多在集体生产或开会、学习前，由农村文艺积极分子传唱，以娱乐。

六、四句头山歌

山歌勿唱忘记多，大路不走草成窠，快刀不磨锈易起，坐立不正背成驼。
山歌好唱起头难，穿针容易绣花烦，白米饭好吃田难种，鲜鱼汤好吃网难张。
乌绒树扁担软悠悠，挑仔山歌到田头，拨拉顽皮小囡来拆散，逃走山歌闹稠稠。
做天难做四月天，蚕要温暖麦要寒，种菜哥儿要望雨，采桑姑娘要望干。
三年勿唱乱说歌，养仔兄弟养阿哥，娘舅睏拉麦篮里哇哇哭，我拉烧水浴外婆。
稀奇稀奇真稀奇，蟛蜞要嫁沙老蜞，蟹嫁男人虾作主，蛤蟆相打满头泥。
栀子花开香油油，姑娘打扮梳好头，和尚看见时咪咪笑，尼姑懊佬剃光头。
姐在院内搭落苏，郎拉外面唱山歌，四句头山歌邪好听，听得我落苏搭去半园多。

七、十二月花名生肖歌

正月梅花开到梢，老鼠眼睛像胡椒，偷油咬物惹人厌，叮嘱家家都养猫。
二月里来杏花开，耕牛最是有功劳，油坊碾豆穷出力，耕地还拖戽水车。
三月桃花红喷喷，老虎恶来要咬人，凶物要靠人来制，捉进铁笼收虎形。
四月蔷薇花朵多，兔子双双来做窠，月落一窠小兔子，多生子女多辛苦。
五月里来石榴开，老龙取水白漫漫，问龙住宿在何处，东海有个白龙潭。
六月荷花梗子青，毒蛇出世草丛蹲，家家预备竹夹剪，不让毒蛇来害人。
七月南风凤仙飘，将军骑马马飞跑，古来好将得好马，沙场争战立功劳。
八月中秋桂花香，胡羊生来性善良，吃奶跪在娘腹下，牲畜也识孝亲娘。
九月菊花像黄金，猢狲出山真可怜，闯荡江湖出把戏，沿街乞讨度余生。

十月芙蓉开水边，家养几只过年鸡，雌鸡生蛋添口福，雄鸡天明喔喔啼。
十一月水仙香喷喷，狗能防夜帮主人，常有一种警惕性，一见生人咬不停。
十二月里腊梅开，栏里猪猡拖出来，日吃三顿勿做啥，杀伊肉吃本应该。

八、逢熟吃熟歌

正月里来是新春，种田人逢熟吃熟最开心，
吃仔年糕吃汤圆，还有荠菜团子肉馄饨。
二月春分燕子飞，早现竹笋炖腌鲜，
米苋马兰滋味好，熘草头好吃笑开颜。
三月里来做清明，嫩韭菜煎蛋敬客人，
鲚鱼蚌肉醒酒菜，细粉汤下饭用调羹。
四月立夏好秤人，草头摊麦粞装尺盆，
东海洋香蛳当闲食，麦粞粥饭香喷喷。
五月端阳吃枇杷，新芦粽子角叉叉，
油余豆扳茶淘饭，黄瓜笋要用白糖拌。
六月大暑热巴巴，口干吃碗大麦茶，
丝瓜落苏随意吃，马铃瓜吃起吃到大西瓜。
七月立秋捉稻天，小弟小妹采腰菱蹲池塘边，
辣茄炒炒老酒咪，黑籽芦粟比塘西甘蔗甜。
八月中秋吃新姜，新谷登场堆满仓，
当荤摸点螺蛳吃，新米饭毛豆竽艿甜。
九月西风捉蟹天，捉来卖点零用钿，
重阳糕上头插小旗，蟹肉蘸醋味道鲜。
十月立冬做寒衣，地里蔬菜样样齐，
炒菠菜营养胜鲜鸡，塔棵菜咸酸饭吃得油咪咪。
十一月小寒拔萝卜，青菜要吃油塌棵，
雪菜要经浓霜打，现挑菠菜装暖锅。
十二月里大过年，自家鸡鸭自家宰，
祝告家堂拜土地，明年又是个丰收年。

说明：流传于20世纪60年代沿海一带，反映农民喜悦满足的农家生活。“熘草头”“麦粞粥”“香蛳”等都是沿海农民特有的吃食。

九、时令对歌

正月正，家家户户点红灯。
二月二，瓜菜落苏全落地。
三月三，荠菜花开白迷迷。
四月四，青黄不接苦穷人。
五月五，高粱粽子过端五。
六月六，皇帝晒衣狗汰浴。
七月七，黄瓜落苏切格切。
八月八，蚊子像只娄门鸭。
九月九，西风响蟹逃走。
十月十，立冬一到发冷头。
十一月，地里落空娘勒走。
十二月，大雪飘飘盼望好年成。

说明：流传于汇角、庙港、汇茂、外中等村。说是歌，不如说是一种游戏。对歌时甲出上句“七月七”或“八月八”，乙对下句，内容可不同，但要符合时令，又要基本押韵。“切格切”“娘勒走”等为方言。“青黄不接”“高粱粽子”是解放前沿海农民生活贫困的写照。

十、劝戒赌歌

“劝戒赌歌”原流传于大团钦公塘地区，后逐渐向东流传，解放前后传入芦潮港地区。人民政府取缔赌博后，此歌不再流传。根据各人传唱和黄路地区歌词，整理如下：

第一副排九四角齐，劝夫不可赌铜钿，
赢了铜钿哈哈笑，输了铜钿苦连天。
第二副排九摇宝台，三朋四友都跟来，
赢了铜钿大家用，输了铜钿自家来。
第三副排九赌开场，流氓地痞想发财，
抽头聚赌官场禁，逢着捉赌吓惊呆。
第四副排九想不穿，一半清闲一半贫，

贪来只想图侥幸，闲来只想赌场钻。
第五副排九想热昏，乌七八糟一堆人，
无论扒手和贼客，挤在一道做输赢。
第六副排九像签筒，呼吆喝六做威风，
暴赌三天天不亮，弄到结果一场空。
第七副排九摊桌面，不想输来只想赢，
手气不好输干净，两只眼睛像灯笼。
第八副排九翻老本，翻掉老本赌衣裤，
越赌越输越不停，最后只剩裤带筋。
第九副排九害人精，田地房产卖干净，
最后只好卖娘子，我夫变成老光棍。
第十副排九无路生，娘子无心活性命，
廊檐底下一根绳，丈夫你要醒一醒。

十一、节气歌

春雨惊春清谷天，
夏满芒夏两暑连，
秋处露秋寒霜至，
冬雪雪冬小大寒。

说明：节气歌流行于20世纪六七十年代果园技术员、技工队伍中，后广为传播。熟记节气，有助农事安排。全歌词四行，每行含三个月，六个节气，分别为：
立春、雨水、惊蛰、春分、清明、谷雨(2—4月)
立夏、小满、芒种、夏至、小暑、大暑(5—7月)
立秋、处暑、白露、秋分、寒露、霜降(8—10月)
立冬、小雪、大雪、冬至、小寒、大寒(11月—次年1月)

十二、童谣(稀奇歌)

稀奇稀奇真稀奇，
六月河里水结冰，
蟛蜞要嫁沙老蜞，

蟹嫁男人虾作主，
蛤端相打满头泥。
稀奇稀奇真稀奇，
新打抢篱出竹笋，
养仔兄弟生阿哥，
娘舅睏勒麦篮里，
外甥烧水浴外婆。
稀奇稀奇真稀奇，
东海洋里起蓬尘，
姑娘打扮梳好头，
和尚看见笑咪咪，
尼姑噢佬光头剃。
稀奇稀奇真稀奇，
石头氽来木头沉，
蚱蜢钓田鸡，
山上老虎猫衔去，
三岁姑娘拖身体。
稀奇稀奇真稀奇，
炒熟菜籽两瓣青，
尼姑招女婿，
剃头师傅淹死勒汤罐里，
太阳落勒我袋里。
稀奇稀奇真稀奇，
烧熟鸡蛋出小鸡，
七石缸摆勒油盏里，
九只黄牛进鸡笼，
一块石头氽到洋山去。

说明：上个世纪60年代，队办托儿所、幼儿园里常传唱稀奇童谣，以娱孩子。

十三、说唱“一两米”

甲：竹板一敲唱起来。

乙：不唱东来不唱西，唱只唱节约一两米。

甲：一两米真正一点点，放在房间角落里。

乙：看亦看不见。

甲：一两米，有点啥稀奇。

乙：真正一眼眼来一点点。

甲：不过各位不要小看迭个一两米，迭个一两米实在了不起。

乙：如果仔细算一算，就觉得迭笔数字大来些。

甲：我国现有人口七亿多一点。

乙：一年春、夏、秋、冬。

甲：一共三百六十又五天。

乙：如果全国每人每天节约一两米。

甲：就要有 255 亿 5 千万斤米，等于亩产千斤田 2 555 万亩多一点。

乙：迭个许多米。

甲：可供南汇县 52 万人民吃 134 年多一点。

乙：喔唷，看看节约一两米，利了国家又利己，如果迭些米，请侬详细点一点。

甲：起码要花 1 888 年多一点。

乙：如果装在火车里。

甲：火车头要开到东北哈尔滨，车尾巴还在广东海滩边。

乙：如果迭些米，按照牌价折合人民币。

甲：就要有 35 亿零 235 万元人民币。

乙：如果拿伊一张一张铺过去。

甲：可以铺到德国、英国、法兰西，一直铺到意大利。

乙：拿了迭些钱。

甲：可以买 32 万台大型拖拉机。

乙：拿了迭些钱。

甲：可以造 500 万斤仓库房 35 万零 235 幢还要多一些。

乙：迭个一两米，的确了不起，讲得实在有道理，看看一两米，一眼眼来一点点，勿啦眼睛里，但是作用大来斜斜气，实在了不起。

甲：今天特地向大家提一提，办事体、想问题。

乙：都要从我国有 7 亿人口为出发点。

合：今朝准备不周全，只能唱这一点点，总之，勤俭节约莫忘记。

十四、哭嫁歌

据传，很久以前，东海边上住着一对善良的母女，靠绣花卖钱度日。母亲勤劳、善良，女儿聪明、美丽，娘俩相依为命。女儿长到 16 岁时越发聪明、漂亮，能预知 7 天内的各种事情，具有了神仙般的本事，常为附近的村民解难避祸，但从不接受钱财礼物。

邻村有一自称半仙的老头，为了赚钱，常常欺骗百姓，不少人破了财，又吃了苦头。小姑娘便一一识破老头的诡计，劝人不要上当受骗。日子一久，老头就没了生意，于是老头对小姑娘怀恨在心，不久想出了一条毒计，要害死姑娘。

一天雨后，老头拿了一把雨伞路过小姑娘家门口，装着问路进了门，把雨伞放在角落里，顺手拿起小凳子坐在门口，和小姑娘的母亲闲聊起来。过了一会，老头走了，当姑娘的母亲发现老头忘了带回雨伞，急忙追了出去，此时，老头已走得无影无踪。她只好把伞拿了回来，刚进门，突然伞里掉出一包东西，拾起一看，原来是一包茶叶。此时，母亲突然醒悟，原来老头想娶自己的女儿。根据当地风俗，只要女方接受了男家的茶叶，就等于攀了亲家。

姑娘知道了这件事，感到十分气恼伤心，但碍于风俗习惯，不能不服从。

那老头选择了一个恶时辰，叫人抬了轿子去娶亲。姑娘一算，这老头真狠心，他想叫她死在这个时辰里，于是想好了对策。临上轿时，突然扑倒在母亲怀里伤心地哭唱起来，一直哭到这个恶时辰过去。老头见恶时辰已过，新娘的花轿还未到，知道自己的诡计败露，亲也不娶，逃之夭夭了。母女俩终于躲过了这一难关，但从此，姑娘上轿前哭出嫁的风俗也就流传了下来。

芦潮港地区解放前后都为贫苦农民，姑娘出嫁年龄也小，有所谓“15 岁做娘，天下通行”一说。因此，哭出嫁主要表达母女难舍难分的心情和母亲对女儿的叮嘱，没有固定成文的歌词，而是随机、随情发挥而已，现摘录片断如下：

《娘唱》

团啦，

侬是青竹头来嫩竹笋，

小小年纪要改换门庭做媳妇，
只怪娘亲屋里穷，
穷得风扫地来月当灯，
穷得柴米油盐常年空，
今朝出得娘门媳妇做，
望只望侬双脚跳勒白米囤。
囝啦，
年纪小小要争气，
出得娘门让三分，
出嫁过去要争气，
不比勒娘家屋里登，
日长世久手脚勤，
公婆面前要敬重，
小姑小叔要冲和，
八姆道里话得拢。

《囝唱》
亲娘啦，
我生煞拉格性，
钉煞拉格秤，
小小女囝那能做媳妇，
登勒娘屋里睏到日头八丈高，
登勒娘屋里勿晓得淘米箩放舍地方，
只嫌得侬亲娘叫勒早，
只嫌得蔑青淘箩笃脱货。
奈我到人家屋里做媳妇，
别人家门槛三尺三，
进门容易出门难。
别人家小叔小姑伯姆多，
我小小女囝那能冲得和。
我舍勿得亲娘亲爷屋里登，
舍勿得小弟小妹少人疼，
床浪翻身心要焦，

粒粒米饭咽勿落，
格拉公婆丈夫话勿通，
日长世久我哪能亨得过。

说明：收集于萱平莲、陆金娣等老年妇女口中。流传于解放前至“文革”期间。各人说法不一，随机、随情发挥皆可。

《哭嫁》(流传饮公塘以东地区)
女儿今朝去婆家，阿娘含泪细叮咛。
娘诚训，团要听，新做媳妇要留心。
别人家粥饭真难吃，不能早睏晚起身。
东方发白要抽身，梳了头儿光了面，
烧好早饭做营生，夫妻和睦最要紧，
不能出口骂男人，秤砣虽小压千斤。
大事禀明公和婆，不能自作主张充能人。
近处客人茶款待，远处客人留点心。
搬嘴弄舌招人怪，说话忠厚是本分。
敬重丈夫面上人，宝贝姑娘和小叔，
公婆见了最称心。男子衣裳门前晒，
女子裙裤晒在后庭心。
娘诚训，团要听，烧饭烧菜要精明，
铜勺铲刀轻轻放，不可激起掼家生。
敬老爱心称贤慧，生个儿子是状元星。

说明：此歌谣解放后传入芦潮港地区，各人传唱并不统一、完整，后“汇茂乡剧团”(业余)有人整理成文(根据其他地区整理传抄)，流传于“文革”前。

十五、哭丧歌

芦潮港地区谓“叹苦处”，死了亲人，相关妇女不唱哭丧歌被视为不孝。芦潮港的哭丧歌属“散哭”，无一定格式和固定内容，往往按逝者身份、遭遇和哭者身世，自由发挥，表达对逝者的怀念哀叹和自身没有亲人后的苦处，同时勾起自己一生的坎坷和悲苦命运，往往一哭而不能收。

哭丧(歌)是千百年遗留下来的习俗，既增添丧事中怀念亲人的悲伤气氛，又可把逝者生前的美德颂扬一番，起到追思悼念的作用，同时充分发散悲伤情绪，有利逝者亲人健康。

芦潮港地区的哭丧歌传自南汇西半县(区)，西半县因受上海城市文化影响较大，近百年间，哭丧歌在该地渐渐消失。而沿海一地，虽与大城市相距不远，实际上还相对荒僻闭塞，现代文化影响较少，旧的风俗则保留较多，是古老风俗的滞留区。

《哭夫》选摘

亲肉拉爷啦，
奈侬走仔格条阎王路，
侬阎罗王伯伯掀错账簿捉错人，
捉伲亲肉拉爷一个要紧人，
再掀账簿再捉人，
要侬阎罗王伯伯掀还账簿查还人。
打蛇打勒七寸头，
死人死仔要紧头，
奈朝后日脚外头里厢要叫啥人做，
叫我做仔外头无里厢，
做仔里厢无外头
……
我是勿识数来勿识秤，
百样事体勿入份，
落苏稀稀种，
囡女远远送，
送到海塘海角做媳妇，
亲爷亲娘朝东拨未鹌鸭落荒地，
我登勒蟛蜞洞里吊水吃，
口口喝仔咸潮水；
朝南拨未白鹤上西天，
朝北拨未要拿黄杨梭子比高低。
我是九个年头到那吴家门，
侬哪能甩得脱来掼得落
……

说明：收集于上世纪 80 年代后期，沈小妹唱，2001 年纂编镇志时摘录部分，但后未入志书。

《哭婆》

新打铜勺两面黄，伲婆肚里宝贝有风光，新打薄刀两面光，大人面上宝贝要出亮。

大人勒拉寒有萝卜春百菜，咸淡小菜吃勿光，夏有落苏秋有瓜，咸淡小菜均给好。

奈朝后日子无油镬子哪好摊蛋皮，无婆小女哪好哼过日。

伲婆勒拉未拿我白龙取水上西天，白鹤燥来领向前，拿我媳妇擎勒云头里。

三堆大蒜四堆葱，拿我小小媳妇女囡养。

我日出东天八丈高，床上翻身还嫌早，伲大人登勒踏板头轻轻叫，我披披衣裳出外跑，

跑到灶头间来懒伸腰，伲婆揩台扫地舒齐好，我揭揭里镬有面汤，抽双筷来捏个碗。

吃好饭来按落碗，东家长来西家短，伲婆末勿作时辰勿作真，当我三分年纪轻。

伲大人黄杨梭子教织布，煞白条头教牵纱，生活勿会教懂我，说话当中捏调我。

讨着我媳妇南京芝麻粒头细，挑勿起格轻背勿起重，轻描生活捏勿拢，浆纱织布团勿拢，

十只指头一板生，十样生活九样僵，伲大人教懂我提调我。……

说明：张莲珠唱，整理于 1988 年，2001 年重新摘录，因某种原因，镇志上未列入。

《哭舅妈》

舅妈啦，

奈仔桤子开花淡洋洋，

跑到场角啥落场。

我多时多刻到侬门，

伲舅妈眉毛弯弯全墨香，

牙齿相打白话声，

立仔话话家务事，

坐仔话话田作里。

侬勒拉来地上扫勒全子能，

台条椅凳楷勒煞拉能，

开开碗橱蒸水腾，

揭开镬盖汽水腾腾冒冒能，
一只台子四只凳，
面南面北坐端正，
三样四样烧起来，
五样六样端出来，
我搭侬同桌吃饭有白话，
同台吃饭有商量。
今朝日子只看见一只台子一双筷，
跑到场角无攀淡。
只看见伲表弟表妹穿白着孝一大群，
只看见厨房间里烧勒香喷喷，
爷叔伯伯跑出跑进好像穿龙灯，
我东屋跑到西屋停，
勿听见侬舅妈人声气来脚声音。
舅妈啦，
桃梅梨果树上生，
水米饭里养外甥，
想着大外甥有用场，
迪歇辰光鸡吃砻糠空欢喜，
鸭吃瘪谷空快活，
牛吃稻柴干稀稀，
羊吃干窠空欢喜，
侬宝贝外甥啥用处。
……
我勿买咸来勿买甜，
勿买咸来摆勒碗橱里，
勿买甜来摆勒枕头边，
我勿买苹果生梨营养点，
勿买糕食果子耐饿点，
勿买圆糖含勒嘴巴里，
勿买冰糖吃勒心里甜，
侬待我好来忘记脱，
我脚迹脚印勿来射一边。

舅妈啦，
我今朝到侬舅妈面上喊苦处，
一年打仔两头春，
日长落落隐能；
三春头上落仔长头雨，
我个米买柴无铜钿；
八月露水满田里，
无柴无米苦黄连；
东天日头出勒八丈高，
拿拿饭罗喊懊恼。
灶沿无柴要心焦，
镬里无米要忧愁，
手里无钿要怄惆；
日落西心暗纷纷，
饿仔肚皮硬关门，
大苦小喊不成功，
我打打大来骂骂小，
别人家门前后底大妈妈婶婶问我为啥嘮吵，
我瞪眼无言勿好话。
我格人仔落肩头搭布衫半件新，
落腿腹格裤子两面新，
跑勒路上算啥人。
别人家大妈婶婶三件衣裳四件新，
西装裤子两面缝，
勿兴风来是兴风。
我登啦人淘豁里勿是人，
登勒鱼隔隶里勿是鱼，
我是野菊头出勒半当田，
十人看见九惹厌。
野杨梅来勒浜滩边，
野菊花出勒干窠里，
日间无没日头晒，
夜间无没露水昂，

枯谢落叶真苦恼。
……

说明：黄月仙唱，后经多人传唱，2001年编撰镇志时重新记录部分，后未列入志书。

《断气经》
门前停仔一只伤司船，
两档差人落起来，
牛头马面走进来，
廊檐五圣拦勿脱，
家堂图纸求勿退，
三代祖宗苦勿退，
要灶君阿太签起花字来，
灶君阿太立起来，
右手拿起金丝笔，
签起这个花字来。
双环链条甩起来，
单环链条五六斤，
双环链条十八斤，
链条一甩哼势能，
伲姆妈筋肉痱子射勒鸭蛋能，
汗毛根子拔得九霄云，
一身急汗吓勒透底阴，
拖拖拽拽拿伲姆妈拖到南汇城。
……

说明：王学红唱。1988年整理，选其中一部分。

《梳头经》
日出东方一点红，
伲亲娘末有病盘房中。
有病叫郎中，

郎中叫脱十七八，
仙人叫脱廿二三，
伲亲娘毛病患得实在深。
伲亲娘末困仔门前青丝细发珠子挂铃铛，
后底青丝细发结蓬松。
伲阿嫂拿起黄杨木梳象月弯，
弯弯木梳替伲亲娘梳玉发，
第一木梳扎扎通，
第二木梳梳得十条街路九条通，
第三木梳梳得只只庙里走得通。
伲阿嫂要问伲亲娘梳个啥格头，
要梳红头绳扎发罪孽轻，
黑头绳扎发就投人，
望伲亲娘人投人。
伲阿嫂搭伲亲娘要梳盘螺头，
盘螺头上去路通，
路通头上发来篦，
伲亲娘要升西边路里一条边。
亲娘啊！
你跑跑脚来疫，
西方路里自由歇凉亭，
歇凉亭里坐一歇，
歇凉亭里自由观音坊，
一路匆匆到西方。
西方路里有仙桥，
伲亲娘面对弥陀走仙桥。
西方路里自有恶狗当路栏，
伲亲娘脚踏梅花桩，
手拿更香进庙堂。
黄杨木梳两分开，
半个木梳随身转，
半格木梳惯勒后花园。

说明：沈莲芳唱，1988 年收集整理，这里选取部分。

第三章　老古话

第一节　谚语

谚语，芦潮港地区称“老古话”。它往往用精炼的语句，生动的形象，通俗易懂、耐人寻味地说出一条人生经验或一个道理。过去沿海人民不识字的多，因此，往往用一二句话的短小形式，讲得出、记得住、用得上，又便于口头创作、接受和使用。沿海谚语主要有三大内容：一是对自然认识和生产经验的总结，其中以农谚、气象谚语为主，反映了自然和生产规律，大部分都有一定的科学道理，成为安排农事，指导生产的依据。二是反映强烈的爱憎和可贵的斗争精神。三是反映人生经验，往往成为人们判断是非的标准，是为人处世的依据。

一、农谚

早稻要抢，晚稻要养。

麦秀抢抢，四十五天上场。

头莳花、二莳豆、三莳种赤豆。

花看高低、稻看平齐。

大麦割要揽青，小麦割要摇铃。

棉花靠搭，水稻靠挖，三麦靠压。

今年棉花明年稻，水旱轮作产量高。

三年不选种，产量要落空。

元麦大麦一起身，蚕豆小麦落脱魂。

娘好囡好，秧好稻好。

山歌不唱忘记多，稻田不搞草成窝。

造屋看梁，稻好看秧。

寸麦不怕尺水，尺麦就怕寸水。

麦捆根，稻捆稍，芝麻要捆当中腰。

寒露落草籽，死多活的少。

一尺沟不通，万丈沟白送。

黄豆一石，不如棉花一臼。

人靠饭饱，田靠肥垩。

草除草芽，不除草爷。

六月不起葱，就要断了种。

人误地一时，地误人一年。

秋后不深耕，明年虫子生；大雪整苗床，秧苗粗又壮。

莳秧水汪汪，补秧眼泪淌。

若要秧棵粗，落谷要稀疏。

种田三样宝，猪养河泥红花草。

暑里锄头，好似垩头。

一月拍麦盖层被，二月拍麦还还礼，三月拍麦抽筋剥皮。

白露白迷迷，秋分稻秀齐。

大暑不热，五谷不结。

二、生活谚语

吃勿穷、着勿穷，不会打算一世穷。

亲兄弟，明算账，吃了半斤还八两。

拼死吃河豚，要命挖芦根。

别人求我三春雨，我求别人六月霜。

一艺不精，误了终身。

种子隔年留，子孙隔代修。

打蛇打七寸，挖树先挖根。

嘴上甜咪咪，肚里挖心肺。

不听老人言，吃煞苦黄连。

不要气，只要记。

栏前三尺，无有不着。

嘴越吃越馋，人越玩越懒。

抽头聚赌，胜过杀人放火。

舌头打个滚，叫人不折本。

人老一年，瓜酥一夜。
家和万事兴，黄土也变金。
细水长流，吃穿不愁。
娘讲囡好不算好，婆夸媳妇才是好。
早种不荒，早起不忙。
饭后三百步，不用进药铺。
猫多不抓鼠，龙多不治水，官多不办事。
会做媳妇两边瞒，不会做媳妇两边搬。
好男勿贪爷家当，好女不争嫁时妆。
盐船上吃了咸，豆腐船上拔拔淡。
千错万错，登门不错。
火车跑的快，全靠头来带。
算算用用，一世不穷。
鸟美在羽毛，人美在勤劳。
嫁夫不着一世苦，娶妻不好三代累。
爷有娘有，不如自有。
若要俏，冻勒硬翘翘。
一个篱笆三根桩，一个好汉三个帮。
碾谷要碾出米，说话要说出理。
富水缸，穷灶檐，一年太平保安全。
早起不忙，晚起心慌。
快快活活过光阴，气气闷闷要生病。
三餐莫过饱，无病活到老。
只勤不俭，好比有针没线。
讨娘子看娘，买房子看梁。
猪困长肉，人困卖屋。
宁愿家中喝麦粥，不给人家折旧屋。
人穷露肉，村穷露屋。
酒色财气四把刀，迷了心窍自己倒。
头对风，暖烘烘；脚对风，看郎中。

三、气象谚语

乌云接日头，半夜雨稠稠。
冬至日落雨天生病，阴阴湿湿到清明。
东虹日头西虹雨。
日枷风、夜枷雨、枷里无星连夜雨。
九月田鸡叫，犁头朝上跳。
三朝迷雾发西风，若无西风雨不空。
春雪不烊，饿断狗肠；腊雪不烊，穷人饭粮。
一落一只钉，落煞落勿停；一落一个泡，落停就好跑。
春霜不露白，露白要赤脚。
麦秀寒，冻煞看牛囡。
小暑热过头，大暑凉飕飕。
东霍霍，西霍霍，明朝仍旧干卜卜。
小暑一声雷，黄梅倒转来。
夏至日不要蔚秧，冬至日勿要望娘。
八月难过日中心，九月难过夜黄昏。
秋九八月乱穿衣，夏布短衫皮领衣。
正月八、二月八，老猫老狗全冻煞。
日落西北满天红，不是雨来就是风。
要知明天热不热，就看夜星密不密。
雨打清明节，旱到冬至节。
清明若阴，谷雨要淋。
烟囱不出烟，一定阴雨天。
日出胭脂红，无雨也有风。
久雨显星光，明日雨更旺。
日出猫迷眼，有雨不到晚。
蚯蚓唱山歌，有雨落不大。
湿地起霜即小雨，次日还霜反无雨。
蚂蚁搬家蛇躺道，鸡不进窝雨要到。
风潮年年做，独怕立秋夹白露。
东风急溜溜，难过五更头。
雨后东北风，下雨更加凶。

白露身不露，赤膊当猪猡。
夏至西北风，种田一场空。
一日春霜三日雨，三日春霜九日晴。
处暑一声雷，百日无霜来。
蛇过芦苇丛，必有大雨淋。
端午落雨还好熬，端六落雨烂脱瓦。
蜻蜓成群绕天飞，不过三日雨濛濛。
人差一口气，种田怕脱节。
大麦上场小麦黄，耕田莳秧日夜忙。
深水活棵，浅水发棵。
夏至三日雾，出门要摸路。
太阳颜色黄，明日大风狂。
日出发白，飞沙走石。
小暑起燥风，日日夜夜好天气。
一场秋雨一场寒，十场秋雨要穿棉。
九月田鸡叫，十月水迢迢。
霜夹雾，井也枯。
小暑凉飕飕，大暑热吼吼；小暑热过头，大暑凉飕飕。
立秋处暑有阵头，“三秋”时节雨稠稠。
月亮发毛，大雨滔滔。
天上起了鲤鱼斑，明日晒谷不用翻。
风潮年年有，就怕大暑夹立秋。
青杠白杠，明朝晒煞和尚。

第二节 俗话

俗话在芦潮港地区有多种表现形式，歇后语是其中主要的一种，它既有老古话（谚语）的特点，也有缩脚音的特色。俗话的一句话由前后两部分组成，前面是假托、比喻，后面是目的和说明，由前面的话自然引出。

俗话在长期的发展过程中，引入了不少外来和书本上的语句，下面，仅摘录产生于本地和本地人民的生产、生活息息相关的部分。

俗语(歇后语)

老母鸡生疮——毛里病自得知

竹篮打水——一场空

踏碎皮球——一包气

飞机上挂大闸蟹——悬空八只脚

脱裤子放屁——多此一举

床底下放鹞子——大高而不妙

船头上跑马——走投无路

甏里捉乌龟——稳掀

三只节头撮田螺——稳拿

油条泡汤——软倒

黄沙夜壶——好只嘴

老鼠钻在风箱里——两头受气

额头上放扁担——头挑

海滩上摆渡——外行(航)

瘌痢头撑阳伞——无法(发)无天

瞎子买扁担——扳确丝

乡下人买钵头——一套头

马吃豆芽菜——绝(截)嫩

六月里着棉裤——日(热)脚难度

螺蛳壳里做道场——兜勿转

牛头裤着袜——大脱野八

驼子跌跤——两头不着实

腊月里小囡——(冻)动手(冻)动脚

脚节头上挂铃铛——走一步,想一步

两个哑巴困一头——无啥话头

麻叉袋上绣花——底子差

三九天的萝卜——动(冻)了心

老虎吃天——无从下口

和尚买木梳——凑热闹

肉骨头敲鼓——昏懂懂(荤冬冬)

黄鼠狼进鸡棚——不偷也是偷

寡妇死脱独养儿子——无望张

婆媳俩困一床——无公(功)夫

四大金刚摊铺——排场蛮大

关云长卖豆腐——人硬货不硬

七老八十的人唱山歌——尽是老调

打碎砂锅——问到底

八十岁吹喇叭——气脉短

柴草人救火——自顾不周

羊头夹在篱笆里——勿出勿进

萝卜敲金锣——越敲越短

黄瓜棚里抽竹头——软倒

陌生人哭丧——死人肚里得知

孔夫子褂腰刀——文武双全

螃蜞裹馄饨——里戳出

蚊子叮菩萨——认错人

刀切豆腐——两面光

蚊子钻到甏里——不晓得日里夜里

先穿鞋子后着袜——硬套

石头上种葱——有劳无功

牛头裤着袜——相差一大截

鳗鱼死勒汤罐里——不丝直

飞机上吹喇叭——响得高

过河拆桥——不留后路

阎王贴布告——鬼话连篇

裁缝师傅的戒指——顶真

郎中先生开棺材店——死活要钿

水桥头的鸭——一呼就来

鸭吃砻糠——空欢喜

灶君公公上天——有一句话说一句

青浦朱家角——生意各管各
牛吃稻柴鸭吃谷——各人自有各人福
媳妇回娘家——熟门熟路
半斤八两——一样
一个柴堆两头拔——终要空
一双筷子挟骨头——三条光棍
二个人戴只帽子——阴头勿起
三角绿砖——摆不平
三本书落脱两本——一本正(真)经
四面打豆腐——八面光
五只节头管——有长短
六十年道士饭——吃绝
六月里借扇子——不识事务
六十岁嫁人——心不定
六月里酱油——白忙(芒)
七月七养团——灵(临)巧
七窍通了六窍——一窍不通
七尺布拦腰剪——不三不四
八月半的月亮——正大光明
八十岁吹喇叭——上气不接下气
九月初八到重阳——不久
九曲桥上散步——走弯路
十五块布做短袄——七拼八凑
十五个女人聊天——七嘴八舌
十字街头贴告示——众所周知
百年松树——根深枝粗
初八到重阳——快煞
全国粮票——到处行得通
过年娶媳妇——双喜临门
白露日的雨——到一滩坏一滩
西藏人穿皮袄——露一手留一手
雨花台上石子——五光十色
养媳妇死脱婆——出头年
小脚女人走路——东摇西摆
小孩吃泡泡糖——吞吞吐吐
爹死娘嫁人——自己顾自己
讨媳妇嫁囡——一进一出
病好打医生——恩将仇报
烧香望和尚——一事两顾当
头顶上生眼睛——目中无人
打落门牙肚里咽——有苦说不出
长衫马褂瓜皮帽——老一套
绣花枕头塞砻糠——顾面不顾里
胡桃里的肉——不敲不出来
走夜路吹口哨——壮壮胆
大门上的春联——一对红
蛇吃鳗鲤——比长短
蛇吞鼠鹰叼蛇——一物降一物
老虎嘴上拔毛——寻死
老黄牛拖水车——原地打转
老鼠落在砻糠里——一场空欢喜
天上的风筝——一根线在人家手中
蛇钻竹筒——有进无出
母鸡生蛋咯咯叫——生怕人家不知道
吊死鬼拍粉——死要面孔
初一、二、三月亮——有名无实
秃子当和尚——天生的料
象牙筷上板雀丝——有意找毛病
胸口头挂钥匙——开心
抱着元宝跳井——舍命不舍财
小媳妇拿钥匙——当家不作主
大蒜头出芽——多心

蚊子叮石头——一动不动
四季温暖——长春
六月里着棉鞋——日(热)脚难过
重男轻女——贵阳
海上绿舟——青岛
火烧八仙桌——烟台(枱)
菜苋摘了再摘——福(复)建(苋)
六十年风水——轮流转
六月里穿棉袄——武(捂)汉(汗)
六月里的日头晚娘的拳头——那么毒
半个猪头请家堂——一面孔
一张麦筛子——尽是缺点
七石缸里点火——有名无实
一嘴蜜一肚侬——口蜜腹剑
七个人通阴沟——低三下四
二十一天孵不出小鸡——坏蛋
八十岁学吹打——气短
八字还没一撇——早着哩
三月里的芥菜——早生心
九月里的甘蔗——甜到心
三个臭皮匠——抵个诸葛亮
十五个人聊天——七嘴八舌
十八岁的宫娥——正在享(想)福(夫)
四金刚腾云——悬空八只脚
十五只吊桶打水——七上八下
五月端五的黄鱼——在势(市)上
江西人搭(补)碗——自(吱)顾(咕)自(吱)
乡下人不识龙箍套——板面孔
陕西的鞋子——底软
穷人打官司——屁股朝前
云南老虎蒙古骆驼——素不相识

十五只小船出海——七颠八倒
十五个人爬楼梯——七高八低
十五个驼子睡一床——七翘八裂
春天的竹笋——节节高
十一个摊饼做二镬汉——五先六后
夏天穿皮袄——出色(湿)
秋后扇子——无人过问
十二只轮船出海——四通八达
冬天吃冷水——滴滴记在心
百年松树五月芭蕉——粗枝大叶
年三十晚剃头——三刀两刮
千里送鹅毛——礼轻情义重
大年初一送财神——见面说好
年初一当当头——头一趟
苏州人还价——一半钿
隔年的蚊子——老口
江北骡子学马叫——南腔北调
拜年的话——好听
王小二过年——一年不如一年
宜兴夜壶——好只嘴
正月十五煮元宵——纷纷落水
江阴人舞龙灯——节节活(火)
乡下人不识骐骥——小壮狗
湖州人卖馄饨——汤里来水里去
乡下人不识枯窑碗——浑身毛病
船老大坐船屁股——看风使舵
四川的蚊子——吃客
柴草人救火——自顾不周
叫化子吃三鲜汤——要样无祥

桂林马蹄——没得渣
叫化子唱山歌——穷开心
开滦打官司——没(煤)的事
叫化子捉藏——无处安放
新娘子坐花轿——任人摆布
山里人背毛竹——顾前不顾后
说书人刹板——且听下回分解
丫环做妈妈——老熟手
人在矮檐下——不得不低头
唱书人落泪——替古人担忧
小子打老子——岂有此理
仇人相见——分外眼红
小孩放鞭炮——又喜又怕
庄稼人不认得木鱼——挨打的木头
小囝拔草——拉倒
婆阿妈的汉郎头——另有一公
小囝睏在麦大里——是(死)拉哉
外公死儿——无救(舅)
小囝尺(放)屁——百无禁忌
王婆卖瓜——自卖自夸
外甥打灯笼——照旧(舅)
好汉造反——逼上梁山
晚娘打孩子——暗里使劲
老太婆面孔——啤(皮)酒(皱)
婊子送客——虚情假意
老太婆赶鸡——啊好
丈母娘看女婿——越看越欢喜
老太婆吃海蜇——搬嘴弄舌
奶妈抱孩子——人家的
老太婆吃炒蚕豆——咬牙切齿
水兵的汗衫——满时道道

老太婆戴毡帽——南(男)头
门缝里看人——把人看扁了
老太婆摸在夜壶上——太不对路
大姑娘坐花轿——头一趟
老伯伯推车子——铲紧
嫁出女儿泼出水——难收回
出嫁的姑娘——满面风光
哑子吃苦瓜——无话苦处
维吾尔族的姑娘——辫子多
哑子吃黄连——有苦说不出
临到上轿穿耳朵——匆忙
哑子吃饺子——心里有数
绣花姑娘打架——针缝相对
两个哑巴打架——是非难分
瞎眼打秆——不在心(星)上
麻子作报告——群众观点
瞎眼点灯——白费蜡
麻子打呵气——总动(洞)员
麻子管事——点子多
瞎眼碰瞎眼——恰好
麻子拍面粉——蚀脱大老本
瞎眼戴眼镜——多上一层
麻子照镜子——个人观点
瞎眼吃死蟹——只只好
驼子跌跤——两头翘
瞎眼打相打——抓住不放
驼子翻筋头——两头不着实
瞎子磨刀——快煞
驼子打伞——背时(湿)
矮子上扶梯——步步高
聋甏耳朵——装装样

矮子采毛豆——巴结(节)
聋髭看戏——只饱眼福
矮子偷婆娘——窗口轧不着
蹩脚扛轿子——不太平
矮子里拔长子——小材大用
蹩脚爬树——象只山芋
歪嘴吹喇叭——邪(斜)气
跛子走路——左右摇摆
歪嘴吹海螺——歪对歪
秃头笑和尚——自笑自
瘫子请客——坐等
瘌痢头剥枷——噱(血)头
吼板头养团——吃力
独眼看书——一目了然
瘌痢头除帽子——横光火
独眼郎相亲——一眼看中
瘌痢头做官——头丘
麦细眼看斜纹——大不对思路
瘌痢头绕辫子——兜不转
痨病鬼开药店—— 为了方便自己
瘌痢头上插金花——忍痛要好看
懒婆娘的裹脚布——又臭又长
瘌痢头做和尚——天生的
豁牙吃西瓜——道道多
小癞痢拜年——端转来
瞎眼嫁着麦细眼——满心足意称心煞
八仙过海——各显神通
曹操遇蒋干——倒霉
狗咬吕洞宾——不识好人心
曹操人马——多多为胜
张果老骑驴——倒着走
周瑜打黄盖——自己人打自己人
张果老倒骑驴——往后看
周瑜谋荆州——赔了夫人又折兵
张天师捉妖——拿手好戏
鲁肃服孔明——五体投地
张天师戏何仙姑——两相情愿
鲁肃上了孔明船——糊里糊涂
铁拐李走独木桥——够呛
孙权杀关公——嫁祸于人
何仙姑回娘家——云里来雾里去
东吴招亲——弄假成真
蓝采和的花篮——要啥有啥
蒋干盗书——上了大当
寿星弹琵琶——老生常谈(弹)
吕布戏貂蝉——上了别人的当
老寿星的坐骑——四不象
司马昭之心——路人皆知
黄连木刻寿星——苦老头
庞统作知县——大材小用
昏官断案——各打五十大板
徐庶进曹营——一言不发
大老爷坐堂——吆五喝六
孙悟空的金箍棒——能大能小
太岁头上动土——寻死
孙悟空翻跟斗——十万八千里
刘备借荆州——只借不还
孙行者戴金箍咒——头痛
刘备夫人——没(糜)事(氏)
孙猴子坐天下——毛手毛脚
猪八戒照镜子——里外不是人
关云长放屁——不知脸红

猪八戒的战术——倒打一耙
关羽失荆州——骄兵必败
猪八戒进了女儿国——看花眼
张飞睏觉——口眼不闭
猪八戒招亲——浑淘淘
张飞绣花——力不从心
白骨精骗唐僧——一计不成又生一计
诸葛亮借东风——将计就计
姜太公在此——百无禁忌
诸葛亮用兵——虚虚实实
姜太公钓鱼——愿者上钩
诸葛亮草船借箭——有把握
申公豹的嘴——搬弄是非
刘姥姥进大观园——眼花缭乱
剃头挑子——一头热
武大郎攀扛子——上不去下不去
理发师带徒弟——从头学起
潘金莲熬药——暗地里放毒
医生摇头——难治了
梁山泊的军师——无(吴)用
魔术师变戏法——无中生有
梁山伯好汉——不打不相识
弹花店里死老板——不谈(弹)
茅山道士做道场——有了本事无家生
铁匠绣花——软硬功夫都有
螺蛳壳里做道场——兜不转
木匠戴枷——自作自受
圣徒进教堂——多划十字少开口
木匠打娘子——一斧头
顶了石臼做戏——吃力不讨好
木匠弹线——眼开眼闭

孔夫子搬家——少不了输(书)
孔夫子的褡裢——书呆(袋)子
和尚打伞——无法(发)无天
孔夫子念书——咬文嚼字
和尚讨亲——无日脚(子)
孔夫子肚皮——书橱
和尚剃光头——落得好摊头
秀才遇到兵——有理说不清
和尚拾着辫子——得法(发)
半路上杀出个程咬金——突如其来
薛仁贵征东——有劳无功
老和尚念经——自身功德
包公断案——六亲不认
小和尚念经——有口无心
严嵩庆寿——照单全收
远来和尚——好看(诵)经
老将出马——一个项俩
丈二和尚——摸不着头脑
程咬金做皇帝——三斧头
烧香望和尚——一事两勾当
皇帝的女儿——不愁嫁
慈禧太后听政——专出鬼点子

阎罗王拉爷——老主(鬼)
泥水匠砌壁——两面三刀
石匠锻磨——走老路
赤脚拜观音——真心诚意
泥菩萨过河——自身难保
屁眼里养团——落头希
泥佛跌进汤罐里——气觫了

屁股上挂扑刀——蔚路
土地伯伯唱高调——神曲
屁股上挂铲刀——前抄后掠
城隍老爷着孝——白跑(袍)
屁股上生疥子——坐立不安
庙门前的旗杆——独一眼
橄榄丸落在屁股里——不出不进
头顶上生眼睛——目中无人
香瓜叶橄腾——两面不讨好
花岗石脑袋——不开窍
搬起石头打自己的脚——自讨苦吃
捉个虱来放头里——自作自受
被头里伸脚——一对
眉毛胡子一把抓——搞不清楚
脚底抹油——溜之大吉
米泔水揩面(脸)——浑浊浊
膝馒头上打磕睡——自靠自
打肿脸充胖子——死要场面
脚炉盖当镜子——看穿
额角头上摆扁担——头挑
商店里的样品——摆设
眼睛里的灰尘——容不得
铁匠铺里的料——样样过得硬
掩耳盗铃——自骗自
旅馆里蚊子——吃客
一只耳朵进一只耳朵出——当耳边风
茶壶里煮饺子——有货倒不出
嘴上抹石灰——白说
乌煤汤淘饭——黑心人
豆腐嘴刀子心——口软心狠
打落门牙肚里咽——有苦说不出
枕头边状子——包准
胡子吃麦粥——啰嗦
拉着胡子过河——谦(牵)虚(须)
唱戏的吹胡子——假生气
反穿皮袄——装样(羊)
拳头上点火——着手
卫生口罩——嘴上一套
心字头上一把刀 ——忍了吧
毛豆子烧豆腐——一块土上人
小葱拌豆腐——一清二白
银行发白纸——空头支票
铁板上钉钉——硬碰硬
蟛蜞脚裹馄饨——里触出
火车轮子——任重道远
案板上的肉——任人宰割
汽车的拖斗——老落后
种牛痘吃公鸡——大发
刻舟求剑——笨蛋
豆芽菜碰廊檐——老嫩
潮来不开船——等大
车到山前——必有路
香瓜丝炒鸡蛋——合适(色)
船到桥头——自会直
梱着不动——像死
船梢朝前——惧内(怕老婆)
船底下没水——不好开船
两个人扛野壶——讼(送)师(尿)
野壶上磨刀——吓乱势
网船上马桶——摆出仔佬看
沙滩上行船——进退两难
小锅勺嗨米——朗声

走夜路吹口哨——壮自己的胆
竹篮子打水——一场空
马路上的电线杆——靠边站
坑缸上挂照牌——出丑
马路上的电灯——照公道
廊檐头上挂上叉(麻)袋——一代不如一代
筷子搭桥——难过
擀面杖吹火——一窍不通
飞机尾巴——翘得高
踏碎渔泡——两头气
飞机上挂热水瓶——高水平(瓶)
金弹子打鸟 ——得不偿失
坐飞机扯谈——高谈阔论
金漆马桶——外面光里面臭
老牯牛走进象群里——比来比起小弟弟
天下乌鸦——一般黑
老牛拉破车——慢吞吞
天要下雨娘要嫁人——有什么办法
南天门上吹喇叭——想(响)得高
泥牛入海——有去无回
西天出日头——不可能
小牛戴龙箍套——板面孔
月亮里张灯——不起作用
对牛弹琴——不看对象
月亮里点灯——空好看
钻牛角尖——专想一点
天高皇帝远——管不着
老鼠出角——碰(撞)毛(猫)
老虎头上捉虱——好心得不到好报
老鼠过街——人人喊打
老虎追得猫上树——多亏得了一手

坑缸里的石头——又臭又硬
沿着牛车盘走路——走来走去是老路
高山上倒马桶——臭名远扬
石桥上跑马——不留痕迹
民航局开张——有机可乘
神枪手打靶——百发百中
水牛角黄牛角——各(角)管各(角)
高射炮打蚊子——大材小用
牯牛身上拔根毛——不稀奇
放马后炮——没用
小牯牛落油车——有吃有做
老鼠见了猫——骨头都酥了
老虎头上拍苍蝇——找麻烦
老鼠含扑刀——作死做
老虎屁股——摸不得
老鼠进书箱——咬文嚼字
山中无老虎——猴子称大王
老鼠给猫拜年——全体奉送
光屁股打老虎——既不要脸也不要命
老鼠跌进米缸里——又喜又愁
洞里老虎——屋里凶
放虎归山——必有后患
猫哭老鼠——假慈悲
兔子尾巴——长不了
牛头刨床——直来直去
兔子急了眼——要咬人
叶公好龙——口是心非

牛肚子——草包
黄牛肩加(胛)——不负责任
鸡棚里养牛——有限
洞里赤练蛇——毒得很
鸡与百脚(蜈蚣)——死对头
鸡飞蛋打——两头落空
马屁拍在马脚上——跳起来
母鸡生蛋咯咯叫——生怕人家不知道
骑马不带鞭——全靠拍马屁
老母鸡生疮——毛里病
城头上跑马——远水弯兜转
老母鸡走进药店里——自找苦吃
脱缰的野马——横冲直撞
公鸡戴帽子——官(冠)上加官(冠)
塞翁失马——因祸得福
铁公鸡——一毛不拔
羊肉不吃——惹身臊
杀鸡给猴看——杀一儆百
挂羊头卖狗肉——言行不一
杀鸡用牛刀——小题大作
羊羔吃奶——跪下
老母鸡下蛋——刮(呱)刮(呱)叫
山羊胡子——又黄又稀
赤膊鸡相斗——口口着肉
活猕屁股——坐不住
落和(屎)坑鸡——到底不鲜吉
猴子捞月亮——一场空
偷鸡不着——蚀把米
猴子爬树——拿手
拾着鸡毛当令箭——少见多怪
猴子戴帽子——装人样儿
黄鼠狼给鸡拜年——不怀好意
上套的猴子——由人玩要
猢狲用剪刀——瞎搅(铰)
狗咬刺猬——没处下嘴
鸡蛋碰石头——不自量力
狗咬乌龟——找不到头
鸡蛋里挑骨头——找岔
狗咬叫化子——畜牲也欺人
鸡蛋炒鸭蛋——混蛋
狗吃牛和(屎)——只图多
鸡毛炒韭菜——乱七八糟
狗掀门帘——全靠一张嘴
鸡窝里的蚱蜢——心惊肉跳
狗捉老鼠——多管闲事
鸡孵鸭子——瞎起劲
狗的孩子——爹多娘少
鸡头烧鸭颈——脸红脖子粗
狗赶鸭子——刮刮(呱)叫
黄狗脱毛——赖皮
老鸦窝里火着——失漏天机
瞎眼狗偷和(屎)吃——碰上的
鸭吃砻糠——空欢喜
弄堂里打狗——石(直)出石(直)进
黄鼠狼被狗咬——前世一结
肉包子打狗——有去无回
雨落后受骗——来不及
贼被狗咬——忍痛不出声
狗咬狗——一嘴毛
土地老爷放屁——神气
猪血烧豆腐——黑白分明
吊死鬼拍粉——死要面孔

猪猡身上出痘子——肉麻
初三夜里月亮——有名无实
猪鼻孔插葱——装相(象)
小炉灶翻身——倒霉(煤)
猪肚泡黄连——苦上加苦
老母猪装象——大变
臭猪脚——牙牙香的
猫嘴里挖鳅——不到手
阉猪割耳朵——两头受罪
骡子跟着马驼——慌倒
石头上掼乌龟——硬碰硬
山鸡毛当令箭——小题大做
脚踏西瓜皮——滑到那里就那里
乌龟填床脚——硬顶
看戏落眼泪——触景生情
烧香赶出和尚来——喧宾夺主
鸡冠花——老来红
做一天和尚撞一天钟——得过且过
风吹墙头草——两边倒
鲤鱼跳龙门——高升
卤露点豆腐——一物降一物
苦命吃河豚——拼命挖芦根
廊檐墒沟里拔船——干吃力
马鲛鱼——嘴硬骨头酥
扎仙的腔调——阴阳怪气
赤虾碰桥脚——觉不着
棺材里伸出手来——死要
蜻蜓吃尾巴——自吃自
蝼蛄钻得尖头现——曲蟮落仔现成窝
爷娘相打——两边亲
虾头上装须——忙(芒)上加忙(芒)
初一月半——板数
算盘珠子——拨一拨动一动
飞蛾扑火——自己找死
断线风筝——不知去向
雨打田鸡——刹刹眼
药灶头上揩桌布——揩来揩去都是苦
热锅上的蚂蚁——急得团团转
河泥涂里的乌龟——板煞
窗户眼里吹喇叭——名声在外
籐盘里的乌龟——自称
药料里的甘草——罢不脱
电风扇的脑袋——专吹冷风
乌龟朝天——翻不转
黄连树下弹琴——苦中作乐
小麦里蚕豆——大末事(物件)
蟛眼脚当海味——香香
麻袋上绣花——底子差
蟛眼陆(站)在芥菜上——监芥
石乱子烧豆腐——软硬不均匀
癞蛤蟆想吃天鹅肉——痴心妄想
砻糠搓绳——起头难
秤勾打钉——拔拔直
曲蟮剥肚皮——一肚皮泥
白纸上落黑字——更改不了
水银落地——无孔不入
逃走鳗鲤——臂膊粗
臭豆腐出海——装洋

娘俩个嫁爷俩个——一门心思
针尖对麦芒——尖对尖
寡妇啦男人——死人
麦柴管吹火——小气
娘家屋里做晒姆(养囝)——吓怕心
盛家买田——进多进少
萝卜敲金锣——越敲越短
白糖拌黄瓜——有苦有甜
公代媳妇倒马桶——一样生活

第三节　缩脚音

缩脚音是沿海一带人民的独创,一时颇为流行。开始时特别出现在各种匠人的人际交往中,常用缩脚音来介绍、交流自己或他人姓氏,后发展到其他领域。

缩脚音由四字组成,交流时只讲前三字,则第四字(或谐音)已明。使用缩脚音交流,是人性情开朗直爽、性格活泼诙谐的表示。后发展到多字,但只讲前面,后面意思已明。

表姓氏:

慌里慌——张
对穿对——顾(过)
四面八——方
瓦片粒——薛(屑)
腊斑生——黄、王
挑河泥——蒋(浆)
七砍八——彭(研)
鸡毛檀——周(帚)
强头立——金(颈)
乌里乌——苏(疏)
糊里糊——(杜)涂
聋里聋——钟
伯姆淘——李(里)
夹料势——白
三青四——陆(绿)
叽里咕——鲁(噜)
十洋八——景
弹眼落——金(颈)
毛骚老——徐(蜞)
梦里梦——董(懵)
画蛇添——足(祝)
肮里肮——庄(脏)
十八相——宋(送)
歪里歪——蔡(扯)
草塘河——严、倪(泥)
跌角四——方
氽不起——陈(沉)
半买半——宋(送)
摊开胸——唐(膛)
一年四——季
锦上添——花
赤脚令——丁

青枝绿——叶
黑勃溜——秋
怕难为——秦（情）
小脚女——任（人）
汗毛澶——林（澶）
墨黑弄——董（咚）
千方百——计（季）
顺风扯——徐（旗）

其他：

洋里洋——枪（腔）
鸡零狗——碎
辣手辣——脚
矮和扎——凳（墩）
百里挑——一
忙里偷——闲
毛焦火——辣
长脚扫——走（帚）
陌里陌——生
东化西——散
十刁八——气
谷里谷——束
青皮绿——肉
七颠八——到（倒）
七荤八——素
顺风扯——旗
小脚女——人
草鞋鼻——头
嬉皮笑——脸
六角凉——停（亭）
豺狼虎——跑（豹）
单身独——一

第四章　谜语　顺口溜

谜语和顺口溜古已有之。芦潮港地区成陆仅百余年，解放前又生活艰难，文化落后，却也流传数以百计的谜语、顺口溜，它反映了沿海人民虽生活艰难，但还是笑对生活，积极乐观的精神。

谜语是智慧的结晶，是医治精神创伤的良药；顺口溜则反映了不同时代人们对生活、对社会现象的某种评价。解放前的顺口溜是抨击黑暗统治的武器；新社会的顺口溜既有赞扬新社会的，也有抨击不良社会现象的，它读来顺口，看看赏心悦目。

第一节　谜语

芦潮港地区谜语主要有二类，一是地名谜语，二是乡村物事谜语，主要特点是语句生动、形象，谜底是人们熟悉的地方、事物，是人们劳作之后的简单娱乐项目。

一、地名谜语

谜面	谜底
竹园里经布	川(穿)沙
两亲家公拜年	南汇(男会)
七石缸里打拳	松江(缸)
黄浦江里打竹篱	闸港
三斗米粢饭	大团
糯米饭砌壁	万祥(饭墙)
菜心不摘	新场(心长)
坏船不修	周浦(舟破)

火烧八仙桌	烟台
重男轻女	贵阳
爷仨个屙屎	三墩(蹲)
睏仔白话	横港(讲)
木匠弹线	坦(摊)直
老太婆啃骨头	北蔡(剥、扯)
额角头上放跳板	头桥
嘴巴里出血	虹(红)口
东滩特产	海盐
铜勺铲刀相打	桐乡(铜、响)
身高一丈开外	长宁(人)
水没金山	平湖
拔蓬开船	杨行(航)
七月初七喜鹊搭桥	高桥
月夜湖面起风浪	月浦(破)
黄金铺街路	黄路
大大话山海经	老港(讲)
法海和尚住地	金山
河泥里的绳索	泥城(绳)
老长辈白话	老港(讲)
白盐进库	盐仓
毛竹造桥	祝(竹)桥
街路里穿扛棒	江(扛)镇
黄浦江里莳秧	青浦
关云长照镜子	南(男)翔(样)
时迁夜闯紫金城	七(窃)宝
萤火虫一亮一亮	崇(虫)明
观音菩萨做道场	普陀(渡)
双喜临门	重庆
四季温暖	长春
金银铜铁	无锡

二、物事谜语

1. 只见石头不见山，路程虽短走不完，雷声隆隆不下雨，大雪纷飞不觉寒。（石磨）

2. 青色糕、红色糕，不能吃来不能咬，糕点铺里买不到，建设祖国立功劳。（青砖、红砖）

3. 一头圆来一头方，用它之时总成双，从来只爱吃饭菜，脾气古怪不喝汤。（竹筷）

4. 头戴玻璃平顶帽，身穿银白铁长袍，夜里睁开一只眼，东看看来西瞧瞧。（手电筒）

5. 一个公公精神好，一天到晚不睡觉，身体虽小力气大，千人万人推不倒。（不倒翁）

6. 墙头站个黑大汉，手中拿着两把扇，走一走、扇一扇，圪哇圪哇乱叫唤。（乌鸦）

7. 上游飘来一只船，船内有水船外干，孔明借来东南风，只见货物冒黑烟。（水烟筒）

8. 七尺长、三尺宽，当中有个木牌楼，脚一踏、手一扳，圪吱圪吱乱叫唤。（布机）

9. 头顶芙蓉不用栽，身披锦袍不用裁，谁说不是英雄汉，一声吆喝万户开。（雄鸡）

10. 二队义兵七将领，共司杀敌一股劲，孔明出来一挥手，杀退敌人百万兵。（算盘）

11. 进东门、出西门，当中坐了四个古怪人，一个有针没有线，一个有线没有针，一个点灯不做活，一个做活不点灯。（蝎子、蜘蛛、萤火虫、纺织娘）

12. 四四方方一座店，人来马往七八万。（蜜蜂箱）

13. 一物走路像坐着，立啦像坐着，睏啦也像坐着，坐啦尤其像坐着。（青蛙）

14. 一物走路像睏着，立啦像睏着，坐啦也像睏着，睏啦尤其像睏着。（蛇）

15. 天上飞过，地里爬过，水里游过，田里钻过，路上走过。（勃鸪、昴蜗、昂姑头、长生果、尼姑）

16. 土门土窗，坐着一位老张，老张反穿皮袄，眼睛像颗胡椒，尾巴像根皮条。（老鼠）

17. 弟兄两个一般大，用时就在腰里挂，离地三尺高，常在脚底下。（马蹬）
18. 头戴一顶高冠，俨然像个将军，自诩唤得日出，无它照常天明。（公鸡）
19. 两只摆渡船，来回在水中，晴天人不坐，雨天客不空。（雨鞋）
20. 南阳诸葛亮，打坐中军帐，摆下八卦阵，单拿飞来将。（蜘蛛）
21. 身穿黑紫貂，尾巴像剪刀，常在泥里睡，离地一丈高。（燕子）
22. 脚长胳膊短，眉毛盖住眼，有人不吱声，无人大声喊。（蟋蟀）
23. 尖嘴黑壳，七凿八凿，凿出祸来，怪起我来。（跳蚤）
24. 六脚稀稀，肚皮挺起，本事浅薄，怪东怪西。（白蚤）
25. 黑瘦黑瘦，上树出油，杀它没血，吃它没肉。（蚂蚁）
26. 一物生来姐妹多，同锅吃饭各叠窝。（蚕）
27. 爷来蓬来，娘来蓬头，养个儿子尖头。（竹笋）
28. 爷来两只耳朵，娘来两只耳朵，养个儿子一只耳朵。（粪杓）
29. 大如西瓜，轻如鸿毛，不长翅膀，飞得老高。（气球）
30. 出生海里，住在泥里，若要捉其，钻在洞里。（弹河鱼）
31. 纸糊窗子，纸糊坑，生下娃娃颠倒放。（胡蜂）
32. 古怪古怪真古怪，骨头长在皮肤外，没腿爬上墙头来。（蜗牛）
33. 红公鸡，绿尾巴，一头钻在地底下。（红萝卜）
34. 弟兄七八个，围着柱子住，到老一分家，落个衣衫破。（大蒜头）
35. 小时青，大时黄，光开化，不打粮。（芦头）
36. 小时吃得用不得，大时用得吃不得。（竹）
37. 青田鸡、活剥皮，酱油醮、好东西。（莴苣）
38. 啊里啊里，耳朵生在腰里。（石臼）
39. 十亩田、一队兵，腰间兵刃带红缨。（玉米）
40. 开花黄又黄，结籽香又香，身子站得直，开花向太阳。（向日葵）
41. 红树红皮，绿叶满枝，七月白花朵朵，八月黑籽吊着。（荞麦）
42. 两边两片瓦，当中夹个扁娃娃。（瓜子）
43. 一棵树，不高不低，结了万把钢刀。（皂角树）
44. 一棵树，不高不低，结了一树葡萄。（槐树）
45. 生根不落地，长叶不开花，街上有得买，地里不种它。（豆芽菜）
46. 三角四楼房，珍珠抱红娘，想吃红娘肉，解带脱衣裳。（粽子）
47. 一物生得弯，尾巴朝着天，头跟牲口跑，屁股地里钻。（犁）

48. 古怪古怪，牙齿长在口外。（耙）
49. 远看一匹马，近看缺尾巴，肚里大风吹，口中吐黄沙。（风车）
50. 石山叠石山，石山头上鬼叫唤。（磨子）
51. 一只鹿，滚过沟，吃羊毛，屙黑豆。（轧花车）
52. 一只猫娃生得巧，口吃木头屙皮条。（刨）
53. 石山高石山低，石山腰里雪花飞。（石磨）
54. 口大望天，耳朵壂肩，没脚没手，跟人就走。（背笼）
55. 长的少，短的多。用脚踏，用手扶。（扶梯）
56. 为吃才去买，买来不能吃。（牛笼嘴）
57. 一根绳捆着城，绳动弹，城叫唤，旁边吊着个大鸡蛋。（手纺车）
58. 四堵墙内刮大风，当中坐着一位毛相公。（风箱）
59. 有脸没口，有脚没手，吃尽好饭，喝尽好酒。（桌子）
60. 生的不能吃，熟的不能吃，一边烧一边吃。（香烟）
61. 一枚枣儿红又大，三间楼房装不下。（灯）
62. 越黑它越亮，越亮它越暗。（灯）
63. 马儿四条腿，没头又没尾，天天让人骑，不吃草，不喝水。（凳）
64. 荤菜夹素菜，双手捧上来，中间火焰山，四边是大海。（火锅）
65. 有嘴话不来，无嘴闹稠稠，有脚跑下来，无脚到苏州。（髲、纺车、凳、船）
66. 在外肥肥胖胖，在家瘦瘦长长，忙时眼泪汪汪，闲时倚墙靠壁。（雨伞）
67. 小铁口，无路走，跑一步，咬一口。（剪刀）
68. 你哭他也哭，你笑他也笑，想说知心话，转身不见了。（镜子）
69. 一宅分二院，五男两女成家，两家打得乱如麻，直到清明方才罢。（算盘）
70. 两只小船没有蓬，十个客人坐当中，白天来来往往，夜里人去船空。（鞋子）
71. 一物不成才，请客他就来，客来不见他，客去他又来。（揩枱布）
72. 有眼无珠一声光，穿红着绿又着黄，跟着懒汉他睡觉，跟上勤人忙又忙。（针）
73. 纸糊墙，竹篱笆，围着一株大红花。（红灯笼）
74. 一个媳妇俏，好在人前立，腰间一摄，屁股一蹶。（酒壶）
75. 东海一条鱼，无头又无尾，抽去脊梁骨，便是这个谜。（日）
76. 看时圆，画时方，冬时短，夏时长。（日）
77. 屋里有根藤，藤上有个瓜，一等太阳落，瓜里开红花。（电灯）
78. 一根扁担两头尖，一世人马晒在太阳里。（屋脊）

79. 弯弯曲曲，外生骨头里生肉。（腰菱）

80. 四四方方一块田，零零啐啐卖铜钿。（豆腐）

81. 没脚没手没尾巴，满头长得是头发，戴上帽子就睡觉，脱了帽子就说话。（毛笔）

82. 看看没有，摸摸倒有，是冰不化，是水不流。（玻璃）

83. 远看高楼大厦，近看房上没瓦，用了许多木头，不用锯子斧头。（乌鸦窝）

84. 一物到处有，睁眼不能瞅，有它不算富，没它闯穷祸。（空气）

85. 河里走，江里窜，大刀小刀砍不断。（水）

86. 半空一枝篙，不怕斧头不怕刀，风来折了腰。（烟）

87. 青石板，白石板，青石板上钉银钉。（天空、星星）

88. 上边毛，下边毛，当中一颗小葡萄。（眼睛）

89. 身靠无根树，脚踏钓鱼台，就地雷声响，飞起雪花来。（弹棉絮）

90. 苗族汉族隔一岗，苗族英雄有五将，不如汉族人一双。（算盘）

91. 青青嫩，嫩嫩青，开花结籽像腰菱。（波菜）

92. 牙齿铁打，尾巴像笔梗，撒开来像车棚。（卒纲）

93. 七七四十九，麻皮扎洗帚，上头轰轰响，下头人在走。（雨伞）

94. 量量五寸，有毛有柄，若要没病，抽出拔进。（牙刷）

95. 看看有节，摸摸没节，冬来有春，春来有冬。（日历）

96. 若要用它掼脱其，不要用时搁拉些。（铁锚）

97. 若要亮，遮遮没。（眼镜）

98. 若要热，加点冷水嗨。（化石灰）

99. 若要长，夭夭断。（擀面条）

100. 若要阔，两浜坌脱点。（开河）

101. 出生出在泥里，住身住在腰里，若要吃伊，抽筋剥皮。（玉米）

102. 一只老母鸡，身体伏在地上，尾巴翘在梁上。（灶头）

103. 长木梢，短木梢，金鸡叫，雪花飘。（弹棉絮）

104. 外头像石头，里头全是油，当中有日头。（蛋）

105. 白布白几条，丝线上高桥，脚踏横板桥，手里拿着驳驳跳，两只丫雀行礼叫。（织布机）

106. 金香白肉嵌。（脆皮豆腐）

107. 金线吊葫芦。（豆芽菜）

108. 腰子嵌脏肠。(豇豆)

109. 红嘴绿鹦哥。(菠菜)

110. 丫雀雀,尾巴长六尺,日里闪跟斗,夜里该壁脚。(耞)

111. 活的放啦,死啦扎啦,干的浪(晒)啦,湿的叠啦。(鸡鸭、扫帚、帐子、揩灶布)

112. 哈后吃水岳(抬)起头,哈后吃水低落头,哈后吃水屁股头,哈后吃水浑身滚。(鸡、牛、水车、提桶)

113. 天上生疮,地上长瘤,河里扁担,水里骨头。(星、坟、桥、蕴草)

114. 一个白胡子老公公,背着一袋豆,一腾跑,一腾漏。(山羊)

115. 脚像钢叉嘴像钉,眼像胡椒身像鹰。(公鸡)

116. 长脚短手,爆眼乌珠扁头。(癞蛤蟆)

117. 高高山、低低山,鲫鱼游过白纱滩。(织土布)

118. 长木梢,短木梢,金鸡叫,雪花飘。(弹棉絮)

119. 出门去行医,给人打毒针,巴掌拍过来,医生当不成。(蚊子)

120. 小小飞贼,武器是针,抽别人血,养自己身。(蚊子)

121. 小小诸葛亮,独坐军中帐,摆好八卦阵,专抓飞来将。(蜘蛛)

122. 头带两根雄鸡毛,身穿一件绿衣袍,手握两把锯尺刀,小虫见了拼命逃。(螳螂)

123. 小小一条虫,自己做灯笼,躲在灯笼里,不久变仙女。(蚕)

124. 日里草里住,晚上飞空中,金光闪闪亮,见尾不见头。(萤火虫)

125. 红头绿身真漂亮,五彩衣衫两披挂,生来专干坏勾当,人见人恨拍死它。(苍蝇)

126. 两撇小胡子,满嘴小牙齿,贼头又贼脑,喜欢偷油吃。(老鼠)

127. 说它是条牛,无法拉车跑;说它力气小,却能背屋走。(蜗牛)

128. 任劳又任怨,田里活猛干,生产万吨粮,只把草当饭。(牛)

129. 顶上红冠戴,身披五彩衣,能测天亮时,呼得众人醒。(雄鸡)

130. 叽哩叽哩叫,蹋啦蹋啦跑,只生骨头不长毛。(木制独轮车)

131. 爹长两只耳朵,娘长两只耳朵,生个子女一只耳朵。(粪桶、粪勺)

132. 有嘴不会说,无嘴闹不息。(茶壶、闹钟)

133. 有脚不会走,无脚到苏州。(长凳、木船)

134. 看看有节,摸摸无节,两头冰冷,当中火热。(日历)

135. 头一层是石头，第二层是纸头，第三层像猪油，第四层是日头。（蛋）
136. 古怪真古怪，骨头长在皮肤外，没脚也能上坪。（蜗牛）
137. 开花黄又黄，结籽喷喷香，身子站得直，花儿向太阳。（向日葵）
138. 一物不成才，揩来揩去都是苦。（揩台布）

三、字谜

1. 一口咬断牛尾巴。（告）
2. 七十二小时。（晶）
3. 一条狗，连着咬四口。（器）
4. 一字十一笔，无一横来无一竖。（淡）
5. 看看像娘，听听像爷，其实不是娘和爷。（毋）
6. 一字四笔八个头，当中有水水不流，要问这字在哪里，就在场边和地头。（井）
7. 不上不下。（卡）
8. 一加一，不是二。（王）
9. 一边有水一边旱。（汗）
10. 十一点进厂。（压）
11. 何字东南西北路路通，何字八仙下凡拿把刀，何字一男一女并排坐，何字两根青竹比天高。（十分好笑）
12. 二人打架打破天，十女耕田田半边，我想骑羊羊骑我，千里姻缘一线牵。（夫妻意重）
13. 言对青山分左右，两人土上说缘由，三人骑牛缺只角，草木之中人中间。（请坐奉茶）
14. 虫在风中飞去鸟，七人头上一棵草，好雨落在横山上，半个朋友不见了。（风花雪月）
15. 有马不能走天下，有田能种棉麻，有水能养鱼虾，有人不识你我。（驰、地、池、他）
16. 又到村里。（树）
17. 水落石出。（泵）
18. 千里重重草。（董）
19. 百友是一家。（夏）
20. 手遮在眼睛上。（看）

21. 母亲是个女人。(姆)
22. 三个不是出头。(森)
23. 两只狗在对话。(狱)
24. 你一半、我一半。(伐)
25. 两个山字叠起来。(出)
26. 心字头上一把刀。(忍)
27. 三人放哨同时走。(巡)
28. 鸟飞出,虫进窝。(凤)
29. 一点一划,两只小鸡吃麦。(六)
30. 一个人姓王,袋里放两粒糖。(金)
31. 两根旗杆六只斗,当中有路无人走。(非)
32. 章的头,李的脚,陈的外套反转着。(郭)
33. 上面廿万兵,下面四将军,当中有个洞,打进北京城。(燕)
34. 头生两只角,心想做大王,啥人碰碰其,没啥了不起。(帝)
35. 有它本是爹,没它也是爹,数字查不清,反正一大堆。(多)
36. 女儿真不错,日子很好过,有柴又有米,住得实在阔。(楼)
37. 一字真神秘,要猜也容易,说树不算错,写树不算对。(木)
38. 一点一划长,口字占中央,子字碰着地,耳朵拉老长。(郭)
39. 一点一划长,一撇到东浜,二十八亩田里莳十八亩秧。(廣)
40. 兜头一扁担,连打三拳头,连忙戴帽子,打来又老友。(受、爱)
41. 兜头一扁担,连打三拳头,打来扭老扭,大字滚在脚跟上。(奚)
42. 一点一划二,口字碰着地,要想买只牛来骑,头也不敢伸出去。(许)

第二节　顺口溜

1. 农业学大寨,棉花出高产,全国当样板,代表见恩来。
(七十年代远征大队是全国棉花高产区,有代表参加全国棉花会议)
2. 男女老少齐上阵,党员干部打头阵,挑灯夜战加早晨,争当寓公移山神。
(七十年代末八十年代初开挖大治河时期)
3. 二十岁白相相,三四十岁搓麻将,五六十岁跑农场。
(讽刺九十年代末一种不好风气,跑农场:到农场做短工)

4. 五十年代不碰头，六十年代前后走，七十年代肩并肩，八十年代手拉手，九十年代口对口。

（年轻人谈恋爱，随时代进步，逐渐开放）

5. 死脱官太太，踏碎街沿石，死脱官太太，狗也不上宅。

6. 一等公民漂洋过海，二等公民深圳珠海，三等公民北京上海，四等公民南汇东海。

（讽刺因分配不公造成的一种不平等现象）

7. 早上跟着轮子转，中午跟着台子转，夜头跟着裙子转。

（讽刺少数干部的一种腐败现象）

8. 天惶惶，地惶惶，我家有个夜叫郎。过路君子读一遍，一夜睡到大天亮。

（广泛流传于民间，家有日夜啼哭的婴儿，用小红纸条抄上顺口溜，贴于大路、桥头，让过路人读。）

9. 一篮青菜四两米（旧制，200 克），只见青菜不见米，要吃白米饭，等到年夜饭。

（流传于解放前，是芦潮港农民生活的写照）

10. 点灯不用油，耕地不用牛，楼上楼下，电灯电话。

（流传于 20 世纪 50 年代，是农民对未来生活的想往）

11. 手拿铁搭柄，种田为革命，站在家门口，望见天安门。

（流传于合作化时期和人民公社初期）

12. 香烟末头

香烟末头，罪魁祸首，丢在地上，乌毛斜臭，有一日夜头，天气实在冷透，我盖仔两条红绿的被头，垫高了枕头，随手拿起一本《青春之歌》想看脱半只钟头，嘴巴里衔着一段牡丹牌的香烟末头，看看还剩一眼，还想呼个两口，看了一些，眼睛实在倦透，随思油头，香烟末头，落在被头上头，不消半只钟头，我搁着乌毛斜臭，豪扫就楸，一个洞大来象只钵头。

迭种经头，实在小透，大的经头，还在后头，为照顾家庭提出要求，我从上海陆家浜码头，调到南汇航头，搬到航头的第一天夜头，礼堂里放映电影《小城春秋》还加映美国电影《警察与小偷》，我有亟无亟，赶到电影场头，还是落在人家后头，在我的前头，站着一个又高又大的块头，一身行头，实在挺透，呢制大衣，海火绒的领头，我抵起脚跟，立在伊的后头，眼睛盯着电影里的精彩镜头，随思油头，香烟末头，烫脱伊的海火绒领头，我连忙想溜，拔伊一把托牢，要我赔伊领头，我想不出推托的花头，只好央人托保同伊讲经头，烫焦一个领头，钞票赔脱仔二百出头。

迭种经头，还算小透，大的经头，还在后头，在勒伲的后头，有个老头叫阿牛，阿牛有个儿子叫毛头，毛头结婚，阿牛煞死的铺张浪费大摆噱头，伊想借此机会出出风头，伊告仔亲眷，还告朋友，告仔隔壁邻舍，还要告叔伯娘舅，我末送了人情，也去吃酒，吃酒的人扰是九百出头，阿牛请了个厨师叫阿楼，阿楼年纪六十出头，却精神抖擞、脚色斜吼，伊管了里厢还要管外头，管了砧墩还要管灶头，装了荤盆，还要出炒头，阿楼急里忙斗，想要解手，跑到外头，随思油头，香烟末头，随手一丢，烟头正好滚在猪棚间的秆柴枯后头，迭个辰光，北风呼呼，交关对手，不消半只钟头，浓烟滚滚，火光直透，从后头烧到前头，烧脱仔三间正房两间页头，七担稻谷八担黄豆，房间里的高粱圆子烧来象只煤球，八宝饭烧来象只铅球，一着着到新娘子房头，先着帐子，晚着被头，绣花枕头，无啥碰头，新房间的毛竹肖椽子烧来噼里啪啦、劈哩叭啦，象二胡笛子在合奏，新婚嫁妆照单全收，公阿爹气来翘起的胡子象巴刷帚，婆阿妈气来头发团掀在头顶上头，新娘子哭来两只眼睛象石榴，小小一根烟头，损失竟是二万出头。

请吃香烟同志，要注意香烟末头，乱丢烟头，害处大透，防火防灾请各位牢记心头，你如不听劝告，也要灾难临头，触侬霉头。

第五章　民间技艺

芦潮港地区民间技艺都具有沿海和海洋文化的特色，是人们在生产实践中积累而成的民间文化。

灶墙画是芦潮港民间美术中的一颗明珠，百余年的发展历史，形成了独特的灶花艺术；土布、芦苇编织反映了沿海人民在艰难岁月中生存的智慧；鸡公车、水船和海丝网是海洋文化的直接写照；鸟哨创于清末民初，成于20世纪六七十年代，原是贫苦农民求生存的一种工具，后又成为一个小巧的民间娱乐项目。芦潮港地区的民间技艺，有的已经消逝，有的已不被人们所重视。

第一节　绘画、雕塑、音乐

一、灶墙画

灶墙画又称“灶花”，是农村各家各户的灶头上一种图案装饰画。芦潮港地区2002年前几乎每家农户家中都有烧柴灶，是生活中必备的设施。而有灶必有画（灶上无图案，洁白一片，人称“豆腐灶”，视为不吉），有的图案简洁，以线条为主，配以八结之类的装饰，有的则画有五谷、山川、六畜之类的彩色图画，配以“福”“年年有余”等字样，寓意吉祥。

芦潮港地区灶花以简洁线条装饰为主，彩色绘画次之，这要看砌灶师傅（泥瓦匠）手艺高低，装饰绘图水平而定。灶花一般都画在“灶山”（遮护烟囱和灶面的短墙）上，灶脚则以线条图案装饰。

在灶头刚砌好，石灰涂刷平整后即进行画灶花，此时，雪白的“灶山”未干，画者用墨汁或其他颜色的笔在墙上信手描绘而成，日后随着灶火烘烤，墙干而画作经久不变。

画灶墙画者都为砌灶师傅本人，其资历越深，装饰画作越有美感，有的黑白分明，有的色彩鲜艳，而画作的内容也以极为农民所接受的“五谷丰登”“六畜兴旺”“花草鱼虫”为主，配以流畅的线条、八节之类装饰裙边。

20世纪90年代开始，随着农村生活水平的提高，农家灶头的装饰也起了变化，灶头砌好后不再用石灰涂刷灶山，而代之以“面砖”；此后，液化气使用在农村逐渐普及开来，烧柴灶头渐渐退出农家，“灶花”也渐淡出农村。至2005年底，随着大规模的动拆迁，芦潮港农村城市化进程越来越快，灶头几近绝迹，灶花亦已不复存在。

芦潮港地区在20世纪七八十年代较著名的“灶花”画手，有泥瓦匠中的杨阿富等师傅。

二、泥塑

原外中村10组农民徐进才，自小喜爱民间艺术，常用泥土塑捏狗、猫等小动物以自娱。1997年开始，他利用随手可得的废弃物品，用土、水泥、黄沙制作出一件件“生动活泼”的小物件，把自己家办成了一个小型工艺展览馆。

泥塑或水泥制作的工艺品有儿童喜闻乐见的“恐龙世界”“唐僧西行”“十二生肖”；较大的有“河中亭阁”“太公钓鱼”“双龙抢珠”等；配合形势制作的有“桃花盛开的地方”“政府筑路人民保护”“回归”等。

徐进才心灵手巧，想象丰富，2006年85岁。

三、雕刻

高级工艺美术师屠杰，1998年11月落户芦潮港，成立“欧亚明清红木雕刻艺术研究所”，从事红木雕刻．先后完成红木雕刻精品“牛虎头”“千手千眼观音坐像”“佛童与弥勒”“世纪龙舟”等。

特别是“千手千眼观音坐像”，由珍藏两千多年的黄檀木制成，高6米，重3.5吨，1999年完成，成为稀世大佛珍宝。1999年12月，“千手千眼观音坐像”作为我国灿烂文化的代表赠送给泰国国王。其时，由泰国国防部长接受观音坐像。

四、道教音乐

芦潮港地区也有道教仪式音乐。南汇道教属“真一派”（另一为“全真派”），其道教音乐因曲目、仪式不同，属“东乡派”（另有“西乡派”），“东乡派”又因演唱

(奏)的艺术风格、法事组合不同出现派别众多的东南、东北、黄路等派别。芦潮港道教音乐亦属“东南派”。其特点是采百家之长,创自己之新,长期以来积聚了联缀成套的吹打乐。

“东南派”道教音乐的艺术特色是:能尽善尽美地打击套曲锣鼓。一只小锣上能清晰地击出“台”“来”“拒”三种音色;铙钹上能精确地变化出“吹”“浦”“札”三种音色;大锣上能见“争”“净”“丈”“光”四种功夫,与唢呐合起来能奏出高难度的《水龙吟》《胖姑儿》,还能灵活联套出《极乐三清界》《三宝偈》《散花》等。

20 世纪八九十年代,“东南派”道教吹打乐曲已收入《中国民族民间器乐曲集成·上海卷》。

道教音乐的吹打者多为道士,于丧家办丧事时为其吹打。芦潮港 20 世纪 60 年代后,随着道士的自然更替,已无新的道士出现。

第二节 编织

一、南汇土布(老布)

(一) 历史渊源、分布、意义

南汇土布源于上海县的乌泥泾、七宝等地,明清后经朱泾、枫泾、莘庄传入南汇周浦、下沙,后普及全县。民国十九年(1930 年)前,南汇农村织土布极为普遍,是农民副业收入的主要来源之一。清光绪二十六年(1900 年),周浦友记布庄一天收购土布 1 000 多匹,贩运至江苏、浙江、山东、北京等地。1930 年后,铁木机布厂发展,生产成本低、速度快,土布业逐渐萧条。但广大乡村农民自用,则仍以自织土布为主。

芦潮港地区成陆后,随着塘西居民迁入,土布织造技艺亦传入境内,后遍布全镇。土布,芦潮港及南汇沿海一带称“老布”,20 世纪 70 年代前,是该地农民主要衣着来源。解放前后,农村男女老幼,一年四季穿着、垫被、被单差不多全是“老布”。至 20 世纪 70 年代,农村新娘嫁妆厚薄的一个主要标志,仍为有几“××匹布”。以后随着生活水平的提高,土布逐渐退出衣着舞台,但至今,“嫁妆必以布缚扎,不可缺”,仍无改变。

芦潮港地区手工棉纺织土布技术的传播、发展,不仅解决了旧时农民“缺衣”的问题,对保障农民基本生活的一个方面起巨大的作用,而且对农村约定俗成的定势习惯、民间风俗产生了重大影响，其中主要的一个方面就是提高了妇女地位。在芦潮港，妇女是家庭生产（包括织布）的主要劳动者，男女经济地位相对平衡，因此“男尊女卑”的陈规旧俗也少。20 世纪 60 年代前，芦潮港地区崇尚“大娘子婚姻”，以新娘年龄大于新郎为上，农村称妻子为“大娘子”，这又有异于原来通行的童养媳习俗。无疑从一个侧面反映了妇女地位的上升。而手工棉纺织技术的传播、发展，则成为提高妇女地位、解放生产的重要契机。

（二）主要土布种类

芦潮港“老布”是上海浦东土布的一个重要组成部分，其特色是一般幅宽 2～3 市尺，幅长（匹长）4～5 丈不等。主要种类有白布、条子彩格布、印花布数种。白布由原色（白色）棉纱径织而成，可通过印染制成印花布，主要用于被单、垫被单。解放前后不少农民也用白布制成内衣裤、衬衫、袜子。条子、采色格子土布，用不同颜色棉纱（主要有青、蓝、黄、红、紫几色），按各自喜好设计织成，有的素淡，有的浓艳，此种土布以制外衣衫裤为主，是旧时贫困农家姑娘出嫁时的好嫁衣料。此外，还有一种包裹布、头巾布，以白底（或蓝底）蓝花（或白花）小格子为主，也有用白丕印染而成的。

（三）主要生产工艺程序

芦潮港手工棉纺织土布，一般要经过 8 道工艺。

1. 轧花。由籽棉通过机械（解放前个别农家用手）剥离棉籽，形成被棉，经弹轧（有手工、有机械），弹松被棉，使纤维蓬松。

2. 搓棉条，芦潮港称轧条子。把弹松的被棉搓轧成长尺许粗 5 分许的棉条。

3. 纺纱，芦潮港又称牵纱。把棉条通过纺车纺成纱线，成锭。

4. 摇纱。把成锭纺纱摇成一定长度成股纱线。

5. 染色。按需要把成股棉纱染色。

6. 浆纱。把染好色晾干后的棉纱浸入极稀浆桶，使每根纱线占上胶浆，后凉干（有的在径纱后在上面刷浆）。

7. 径纱（布）。把干后棉纱摇入筒管，把各色棉纱筒管并成大小不等纱股，后按设计，把每一纱线头穿入布机板扣，隔丈许设一板扣，形成后卷成筒。

8. 织布。把径好的纱筒装上布机，用梭子织布。

二、芦苇编织

20 世纪六七十年代前，芦潮港地区盛产芦苇，人们就地取材，编制成各种生产、生活用具乃至建造房子。80 年代后，芦苇产量日减，又因经济发展，芦苇编制品逐渐退出生产、生活舞台，但芦苇编织，不失为芦潮港沿海人民的民间手工技艺，应该传承、发扬。

（一）芦扉

芦扉是芦苇砍割后，剥去芦叶、芦壳，干燥后编结而成，厚度、大小可随意而作。芦扉的用处很多，两张芦扉合在一起，制成床垫大小，两边用小青竹扎梱，可作床垫用。20 世纪 60 年代前沿海百姓贫苦，农家多以此为床，谓芦扉床。

作为建筑材料，芦扉上涂刷上黄泥石灰，就成了简便又冬暖夏凉的房子。解放前汇角穷苦人住的“环筒舍”，就是用整张芦扉作环形搭建而成的简陋房屋。

（二）帘子

由整根芦苇用细尼龙绳（解放前用鞋底线）串结成长 4～5 米、宽 1.5～2 米帘子，中间插入 2～4 根小竹杆以求牢固。帘子是农家晒棉花、玉米等物的重要工具，每家每户都有 1～2 张帘子，大集体时更是每个生产队必备的工具。

（三）栲栲

一种芦苇编成的囤粮工具。芦苇收割后去叶、壳，阴干后压扁，编结成高 1～2尺，长 2～4 丈的软扉。使用时先圈成圆，放入麦、玉米等粮食，边堆边栲栲向上围圈，最高时可围圈成一人高低的粮囤。可堆放粮食 10 余吨。不用时可卷成一圈。大集体时每个生产队都有栲栲数具。

（四）芦篇

一种小形的晒花、晒粮垫篇。由芦苇压扁后编结而成，一般为正方形，6 尺见方，四周有微凸的边沿。平时可挂在墙上，使用时放置平地上即可晒粮、晒棉，是集体生产时每个生产队必备的用具。

（五）簸箕

由芦苇压扁后编结而成，比一般家用簸箕大 2～4 倍，主要用于集体生产时粮、棉的搬晒，也是每个生产队必备的工具。

芦苇编织在集体化生产时一般生产队都有 2～3 个编织能手。至 20 世纪 80 年代，生产队仓库撤销，芦苇编织已基本停止，其纺织工匠，大都留于民间。

（六）芦花蒲鞋

芦潮港地区在解放前就有芦花蒲鞋，是贫苦农民冬季御寒的重要穿戴。

在长期的生产生活实践中，沿海百姓发现芦花是极好保暖物，由于生活贫困，无力购制棉鞋之类的冬季御寒鞋子，于是人们想出了先用芦花编搓成绳，后盘结成鞋的方法，制成鞋子，代替布做棉鞋，于是芦花蒲鞋诞生。

芦花蒲鞋鞋底由稻草编结，后盘结成鞋形，其大小可根据各人脚形尺寸，小至孩童，大至成人都能制作而成。制作好的芦花蒲鞋，是解放前后本地农民必备的御寒鞋子。

20 世纪六七十年代，芦潮港地区农村冬季尚时尚芦花蒲鞋，差不多农家都有几双。80 年代后已少见，90 年代后几乎绝迹。汇茂村九组陶火才，是远近闻名的编制蒲鞋艺人。

（七）芦花扫帚

芦潮港成陆后居民就有扎芦花扫帚的习俗。抗日战争时期，开始有人出售芦花扫帚。1957 年，南汇县供销社采购站开始经营芦花扫帚，当年收购 3 749 把。60 年代，全县年收购芦花 78.1 吨，扎扫帚 32.9 万把。1976 年，全县收购芦花 279.2 吨，扎扫帚 86 万把。

（八）扎香伙

一种为亡人制作的手工艺品，材料有彩纸、油光纸、芦苇、竹片等。香伙有纸糊的船、纸桥、纸箱、纸屋、库囤等，扎制成形后用油光纸剪成各种图案，花鸟贴在上面，如扎库囤时，用芦苇杆做成骨架，以稻草做成六角形，高一米许，四周贴有剪纸花纹，再用红绿油光纸剪成长条形装饰，囤内放纸锭，作为死者的金库。甚于纸屋、纸箱等一些日常用品，都造型逼真，色彩鲜明，有一定的艺术价值。

香伙常跟随道士为亡人而制作，在“烧床祭”或下葬后火化给死者。芦潮港地区制作香伙称“扎香伙”或“扎伙”。原汇茂村九组沈正元是较有名气的扎伙艺人。

第三节　特色工具

一、独轮车

原流行于苏北、山东等地，随着芦潮港成陆和移民入迁传入本地。独轮车又名“鸡公车”“羊头车”“羊角车”，是一种手推单轮小车。

独轮车在芦潮港地区流行于解放前至 20 世纪六七十年代，以后逐渐减少，80 年代后已不多见。独轮车适用于小路、泥路、独木桥上行走，一般用于一二百斤货物的运载。其车架、车轮、车轴、车耳都由木头制成，车架下有一木制独轮，车架上分左右两侧，中间隆起，后有二车把，车把顶端用皮带或宽绳连结。使用时车架两侧都可堆放货物，或坐人，推车人手握推把，把皮带套在肩上以承载重，向前行走。芦潮港地区在解放前后，贫苦农民往往用独轮车进行短途少量货物运输，或妇女、老人走亲访友，车架两侧一边坐人、一边放物，既简便又省力。芦潮港有一谜语，形象地描绘了它的外形、性能：叽喱叽哩叫，蹋啦蹋啦跑，只生骨头不长毛。

二、水船

水船是芦潮港地区特称，学名“牛舢舨”。

芦潮港地处东海之滨，有广阔的沿海荡滩，其间生长大片芦苇、水草、江草，这些植物成熟收割后有的可搓绳索，编蓑衣；水草籽可磨粉后作粮食、饲料；芦苇则能编芦扉、廉子，压扁后制梼梼、晒篇等农村日用器具。

江草、芦苇收割后数量大，运输不便，要靠人在一步一陷的滩涂上用双肩挑、扛出来，劳动强度甚大。因是滩涂，虽有水，但无法用船；虽有路，又不能用车，若遇到积水港漕河汊，更让人一筹莫展，束手无策，于是水船应运而生。

水船为木质宽底小船，一般宽 2 米，长 3～4 米，上下一致，不用桨推进，而是用水牛拉着向前。水船除船底前头略上翘外，其余部分平滑，阻力小，加上平占面积大，载重后也不深陷滩涂泥污中，由牛拉前进，是一种极好的滩涂运输工具，而一般的船或车都无法代替。因水船状似舢舨，由牛拖前进，故名牛舢舨。牛舢舨一般能装芦苇千余斤，从滩涂深处到海堤脚下，十月秋九，都是它们的天下。

随着滩涂围垦成陆，海岸外扩，江草、芦苇大量减少，20 世纪七八十年代后，水船已大量减少，几近绝迹。

三、捕捞工具

（一）花虾网

简称花网，呈三角形，单人操作，适用于浅海捕捞小杂鱼、虾类。制作时以小竹杆为架，左、右、底三面用细尼龙丝网围成，操作时一手抓网（网高 1.5 米左右），一手顶端有小圆球的小竹杆驱赶鱼虾入网。

（二）插网

用较粗尼龙绳织成长 5～10 米，宽高 0.5～2 米不等的渔网，中间每隔1～3米设一插杆，置于近海滩边的一种捕捞工具，按大小用途可分为：

1. 帐子插，亦称小插网，齐膝高，张于浅滩秧草间，捕捉涨潮时游入秧草间的小杂鱼。

2. 插网，张网位置比小插网更靠近水中，捕捉多种杂鱼。

3. 提高网，网高大，张于较深水里，往往有 10 人左右联合操作，捕捞量较大。

4. 爬步仓，网制成方形，高 2 米，宽 3.5 米，以捕捉小杂鱼、虾类为主，只需 1 人操作，张于浅海。

5. 牵兜网，由 2 人操作，主要捕捉小杂鱼。

（三）海丝网

用细尼龙绳织成高 2 米，长近百米的网上下用扦绳串结，下面有小铅球吊重，操作时用小舢舨在近海撒网，捕捉鲻鱼、刀鱼。

上述民间捕捞工具，都由手工制作，代代相传，成为沿海农民谋生的重要工具，至今流传不衰。

第四节　摹鸟短笛（鸟哨）

2006 年 5 月，芦潮港镇非物质文化遗产普查工作启动，至 11 月，开始对非物质文化遗产资料进行分析、筛选，选出扎根沿海，世代相传，具有鲜明地方特色，又有上百年历史但面临失传的“摹鸟短笛”作为申报保护名录。其间，采访相关传承人、艺人，采集实物，拍摄照片，制作录像资料。

2007 年 1 月，在区保护分中心领导和专家帮助下，先后完成申报工作，在区电视台专题节目组的指导下，完成 15 分钟专题片“摹鸟短笛”制作，并在南汇电视台和上海电视台“新闻坊”栏目播放，宣传非物质文化遗产保护工作。

2007 年 5 月“摹鸟短笛”改名为“鸟哨”被列为南汇区非物质文化遗产名录，同年 10 月被列为上海市非物质文化遗产名录。

一、历史渊源

摹鸟短笛为沿海农民诱鸟捕鸟的一种吹奏哨子，清末民初自崇明传入，已有百多年历史。相传我国明代有骨哨，用动物骨制成，哨音似鸟鸣，为民间嬉戏之物，曾长期流传民间，摹鸟短笛前身是否为骨哨已无从考查，但其制作性能已十分相似。

清光绪十年（1884 年），南汇筑彭公塘，滩涂形成后逐年东扩南移。清光绪三十一年（1906 年），筑李公塘（1949 年后改筑人民塘），两塘间为夹塘地区，芦潮港镇位于夹塘地区南端，地理位置北纬 31°53′，东南海岸线长 15 公里。根据先成陆后筑塘的规律，清光绪年间夹塘地区就有人居住，并于清末民初形成村居，夹塘地区李公塘外，则又形成成片的滩涂湿地 120 公顷。滩涂上动植物资源丰富，芦苇塘更成为大批野生鸟类栖息的宝地，其种类不下 30 余种。

清末民初至解放前，沿海农民生活极为贫困，采集、渔猎，利用滩涂野生资源成为农民谋生的重要手段之一，其中部分人就以捕捉滩涂上的野生鸟类为生。在漫长的劳动实践中，又创造了许多诱鸟捕鸟的手艺，这种手艺往往世代相传，子承父技。摹鸟短笛就在这种传承中应运而生。至解放前，捕鸟已形成一种职业，境内专业捕鸟者已达 40 余户，70 余人，形成一定的群体。

摹鸟短笛形成于清光绪年间，发展于解放前后，至 20 世纪 80 年代，制作和吹奏技术达到了高峰。短笛的吹奏，音高远清亮、变化多端，能摹仿 10 余种不同鸟类的鸣叫声，几无区别，能引诱数十米至百米上空的鸟类入网。

80 年代后，野生鸟类开始得到保护，捕鸟逐渐停止，摹鸟短笛也已不再成为诱鸟捕鸟的工具，而逐渐转为民间业余助兴演奏的技艺之一，也成为鸟类科研机构引鸟、捕鸟、放飞的辅助工具，或成为机场引鸟、驱鸟，卫生机构为预防禽流感而引捕野鸟样本进行病毒检测的辅助手段等。同时，随着旅游业的兴起，摹鸟短笛成为一种旅游产品资源，也开始受到人们的重视。

二、制作、应用和吹奏艺术特色

摹鸟短笛用小竹管制成，选直径 3.5 厘米左右，生长健壮、竹肉肥厚的老竹，截带节小管，长约 8 厘米，管内径 1.5～2 厘米，带节一头封闭，近处开一小方孔，一头于 4～5 厘米处削成斜口，斜口上方留一长 2～3 厘米，宽 0.5 厘米吹嘴，吹嘴中间挖一细孔，制成后用盐卤浸泡数周、数月不等，浸泡时间愈长愈好。使短笛色泽鲜亮，坚而不裂，音色清亮。老艺人黄火根制作的一只摹鸟短笛，制作精细，已有近 60 年历史，仍然音色清越，视为至宝。

摹鸟短笛原为捕鸟人在滩涂上吹奏出各种鸟鸣声，以引诱真鸟入网的吹奏工具。捕鸟季节，捕鸟人在滩涂芦苇塘中张起鸟网，网内插上数只假鸟并撒上诱饵，然后躲入网旁芦苇丛中，用短笛吹奏出各种不同鸟鸣声，飞鸟误以为同类召唤，纷纷入网觅食。此时，捕鸟人轻拉网下支架，鸟在网内无可逃脱。有经验的捕鸟者，能识别空中的飞鸟，吹奏出与其相同的鸣叫声，引诱入网。

停止诱鸟捕鸟后，作为民间音乐演奏，摹鸟短笛不失为一种小而精巧的乐器，逼真的摹鸟鸣奏，令人叹服。1992 年，南汇县文化馆曾派人和原庙港村 5 组袁菊平一起编创一首摹鸟短笛吹奏曲《海鸟催春》，在松江、宝山、南汇三县文广系统春节联欢会上演出，受到好评。后又多次出演，同时，摹鸟短笛开始参与协助科研机构引捕野鸟。

摹鸟短笛吹奏的艺术特色，一是音色清亮高远，吹奏者舌舔吸笛嘴吹奏，可随意控制高低、长短。时而高亢、清越，时而尖细、清亮，时而余音缭绕。或凄迷低徊，或悦耳高旷，或冗长重浊。摹仿真鸟鸣叫极为相似，真假难辨。二是摹仿鸟类多，一般艺人能用短笛摹仿数种鸟鸣声，高手可摹仿近 20 种鸟类鸣叫，有的甚至达到见什么鸟就摹仿什么鸟叫的境界。老艺人黄火根，50 多岁时能摹仿的鸟类计有老鹳嘴、小鹳嘴、直嘴、翠沙鸟、黄鹑、花棋嘴、红脚鸟、千鸠鸠、青呆郎、摇小柱、水碧溜、小湖鹑、花盖、山哑雀、麻沙鹏、沙大头、小嘴将、海燕子、桃花将等 20 余种。

三、分布传承

摹鸟短笛的制作、应用，主要分布在芦潮港沿海各村，其传播路线，自清光绪年间就成陆的原外中村(清末民初称新套围、东胜围、西胜围)1，2，3 组发源，沿李公塘内侧向南延伸，至汇茂、庙港，达远征等地。尤以庙港村、汇茂村、外中村为主，产生了不少制作、吹奏摹鸟短笛的高手。

主要传承人黄火根，2006 年时 82 岁，16 岁开始捕鸟生涯，能制作极精细短笛，能摹仿 20 余种鸟类的鸣叫。20 多岁时曾制作一笛，近 60 年来视为至宝。黄火根能识别数十米至百米上空的飞鸟，用摹鸟短笛召其飞来，其技艺远近闻名。黄火根 80 年代后期停止捕鸟，2006 年曾入社区演出摹鸟短笛，2007 年 1 月为电视台制作吹奏节目。

主要传承人朱德龙一家四代捕鸟，曾祖父、祖父、父亲和自已都会摹鸟短笛绝技。董佰官、董野弟、董永平，曾三代捕鸟。袁雪官，其父、其子三代捕鸟。唐才龙、唐林生、唐龙强曾两代捕鸟。此外，尚有赵强生、赵强发弟兄，朱勤根，黄野弟等都有一手制作、吹奏摹鸟短笛的技艺。他们虽都已停止捕鸟，且有的年事已高，但一手制作、吹奏摹鸟短笛的技艺尚在。

四、保护

随着芦潮港开发建设，摹鸟短笛已失去生存空间，制作和吹奏都已濒临危亡。其一，海涂野生鸟类生存空间消失，至 2005 年，原广袤滩涂、湿地，已开发成人工半岛、滴水湖，大片芦苇荡消失，野生鸟类已无栖息之地，捕捉海鸟谋生已不可能。其二，庙港村、汇茂村、外中村已整体拆迁，农民变为居民，失地农民都已纳入小城镇保障体系，捕捉鸟类谋生已无必要。其三，随着国家法治健全，野生鸟类已属保护对象，捕捉海鸟谋生已属违法。据此，摹鸟短笛已失去生存空间，技艺已无所传播、传承。

事实上，80 年代后期开始禁捕鸟类，90 年代捕鸟者都已纷纷改行他业，至 2000 年后，已几近绝迹。但摹鸟短笛及其吹奏技艺尚存老一辈和第二代、三代捕鸟人中间。作为民间技艺，如果不加以保护，几年以后，将消失殆尽。

摹鸟短笛和其他民间艺术一样，都是发展变化的、与时俱进的。在诱鸟捕鸟的功能消失后，至少还有五个方面可供选择发展。一是作为种民间音乐艺术，参加演奏欣赏。二是短笛作为一种旅游纪念品，有很大的发展空间，如在桃花节期间，除参加演奏外，作为旅游纪念品，或赠或售，意义和价值倍增。三是可作为驯鸟和科研的工具、手段，摹鸟短笛的吹奏极具摹仿力，公园、动物园、鸟类研究机构，都可作为引鸟、训鸟和对不同鸟类生存状况的研究。四是可人鸟对话，构建人与自然的和谐环境。五是可参加卫生机构为检测野鸟病毒而引捕鸟类。如此，摹鸟短笛根植于民间，服务于新时期的经济、社会发展，具有更深厚的意义。

要保护摹鸟短笛和它的吹奏技艺，首先要保护一批老艺人，他们既是摹鸟短笛的制作者，又是吹奏行家。但都年事已高，年龄最大的已经 82 岁，小的也已 60 余岁，需要在经济上、生活上给予必要的关心照顾。这样的老艺人，芦潮港地区目前尚存近 20 人。其次要鼓励老艺人收徒施教，可不拘泥施教形式，但可用带出一个徒弟（能制作、会吹奏）给予必要的奖励，多带多奖的办法，让摹鸟短笛传承、发展下去。再次，可与动物园、公园、鸟类保护研究机构等联系，定向带教，传承技艺。如此，民间摹鸟短笛才不于消亡，才能在传承中发展，在发展中传承。

五、摹鸟短笛的功能价值

（一）诱鸟捕鸟

自清末民初到达 20 世纪 80 年代前期，摹鸟短笛的主要功能是诱鸟捕鸟。解放前，沿海农业产量极低，人们生活贫困，为求生存，不得不半农半渔、半农半猎，逐渐形成了捕鸟为生的群体。

春秋捕鸟季节，捕鸟人在滩涂上张起鸟网，网前插上几只假鸟，撒上食饵，然后躲进网旁芦苇丛中，用摹鸟短笛吹奏飞临上空的野鸟鸣叫声。飞鸟误以为同类召唤，纷纷飞扑而下觅食，此时，捕鸟人轻拉网边支架，鸟网翻转，扣住觅食飞鸟。

（二）乐器吹奏

20 世纪 80 年代后期开始，随着芦潮港的开发建设，滩涂缩小，候留鸟类锐减，捕鸟已难。后集聚捕鸟群体的村组整体拆迁，征地农民生活得到保障，捕鸟为生已无必要。随着保护野生鸟类保护法规的执行，捕鸟已不可能。为此，80 年代后期开始，搴鸟短笛的功能开始向娱乐游艺转化。

1992 年，第三代搴鸟短笛技艺传人袁菊平，应邀参加松江、宝山、南汇三县文广系统春节联谊会演出，吹奏搴鸟短笛联奏曲《海鸟催春》受到热烈欢迎。2006 年 10 月，83 岁老艺人黄富根随镇文化服务中心组织的送戏下乡演出，吹奏搴鸟短笛，掌声不断。同年 12 月，黄富根在南汇电视台录制搴鸟短笛特别节目，播出后反响强烈。2007 年 1 月，南汇电视台拍摄专题片《搴鸟短笛》，播出后受到好评。搴鸟短笛已成为民间游艺杂技。

（三）服务科研

搴鸟短笛的吹奏有诱鸟召鸟功能，80 年代后期至 90 年代，已成为鸟类研究的辅助工具。

上世纪 80 年代后期至 90 年代华东师范大学生物系鸟类研究专题小组王天候等专家老师，每年都到芦潮港观察研究长江口留鸟种类、数量，候鸟迁飞时间、飞行路线，每次都要请袁菊平等人用搴鸟短笛引鸟捕鸟，或制作标本，或打上脚环标签后放飞观察。袁又多次将捕到的带有脚环标记的野鸟寄给研究小组，双方配合默契。捕鸟，是为了科研；科研，是为了更好地保护鸟类。

（四）招引野鸟，为生物检测服务

在禽流感流行之前，如能招引野鸟，作病毒生物检测，对预防禽流感的流行、传播会起到积极的作用。而招引野鸟，捕而检之，搴鸟短笛会是很好的工具。

（五）人鸟对话，构建人与自然和谐环境，以保护生态

搴鸟短笛技艺传人中的高手，能根据不同鸟类及雌雄，吹出不同的鸣叫声，一问一答，状如对话。2007 年 1 月 15 日，第二代搴鸟短笛技艺传人袁雪官，在野生动物园吹奏短笛，一吹，众鸟鸣和；再吹，全园肃静。似一幅人鸟对话，共建和谐图。

（六）引鸟驱鸟

机场、重要电信设施场所，鸟类聚集是一种自然灾害，特别是机场，鸟害已对飞行安全构成重大威胁。如能在机场外围用搴鸟短笛引鸟驱鸟，减少其对机场的危害，不失为一种好方法，值得一试。

（七）旅游娱乐嬉戏产品

摹鸟短笛制作简便，假以时日，一般吹奏也不难。在桃花节等节庆期间或旅游场所，或赠或售，为节庆和旅游业服务是可取的。

六、“摹鸟短笛”电视片解说辞

片长 10～15 分钟。

南汇是从海里“长”出来的。千百年来，长江、钱塘江的不断冲积、汇流，形成了这一片富饶的土地。在她的最东南角，名为“江角”的地方，有一个小镇——芦潮港。随着海岸线的不断外延，清光绪十年（1884 年），南汇筑彭公塘，清光绪三十一年（1906 年），南汇筑李公塘，两塘之间称为夹塘地区。芦潮港镇，就在夹塘地区的南端，全镇 18 平方公里，却有 15 公里的海岸线。堤外是广袤的滩涂湿地。这里，有丰富的滩涂资源，更是无数野生鸟类栖息的天堂。

（主要场景：芦潮港镇俯视图、海塘、滩涂、渔港；字幕：摹鸟短笛）

芦潮港镇自清末开始逐渐形成村居，居民大多来自南汇塘西地区，江苏海门、启东和上海崇明，甚至盐城一带逃荒农民。清末至解放前，这里人民的生活极为贫困，于是，采集、渔猎、利用滩涂资源成了谋生的手段之一，更有部分农民以捕鸟为生，逐渐形成群体。

（主要场景：芦苇塘、跑海滩捕鸟人群、滩涂）

在漫长的劳动实践中，捕鸟者自制了一种传自崇明用口吹奏的竹制哨子，摹仿海鸟鸣叫声，以诱捕鸟类。经过不断地改进制作和吹奏方法，形成了名为“摹鸟短笛”的诱鸟小器乐。摹鸟短笛用小竹管制成，选直径 3.5 厘米左右的老竹，截带节小管，长约 8 厘米，管内径 1.5～2 厘米，带节一头封闭，近处开一小方孔，一头于 4～5 厘米处削成斜口，斜口上方留一长 2～3 厘米，宽 0.5 厘米吹嘴，吹嘴中间挖一细孔，制成后用盐卤浸泡数周、数月不等，浸泡时间愈长愈好。使短笛色泽鲜亮，坚而不裂，音色清亮。其形状和性能近似我国明代的民间骨哨。

（主要场景：摹鸟短笛特写、短笛制作场面；字幕：摹鸟短笛制作）

摹鸟短笛从清末民初到 20 世纪 80 年代，主要作为诱鸟捕鸟的一种工具。捕鸟季节，捕鸟人在滩涂芦苇塘中张起鸟网，网内插上数只假鸟并撒上诱饵，然后躲入网旁芦苇丛中，用短笛吹奏出各种不同鸟鸣声，飞鸟误以为同类召唤，纷纷入网觅食。

此时，捕鸟人轻拉网下支架，鸟网翻转，鸟在网内已无可逃脱。

一般捕鸟人都能吹出近10种鸟的鸣叫声，高手则可吹奏出20余种鸟的鸣叫。摹鸟短笛吹奏时，其音色音量可随意控制，时而清亮高远，时而尖细清越，时而余音缭绕，或凄迷低徊，或悦耳高旷，或冗长重浊。摹仿真鸟鸣叫极为相似，真假难辨。

（主要场景：张网、翻网、不同鸟鸣的吹奏，吹一种鸟鸣报出一种鸟名；字幕：诱捕野鸟）

20世纪80年代后，滩涂、野生鸟类开始得到保护，摹鸟短笛作为诱鸟捕鸟的功能逐渐消失，开始在民间作为一种小乐器演奏节目。1992年，第三代摹鸟短笛技艺传人袁菊平创编了摹鸟短笛吹奏曲《海鸟催春》，在松江、宝山、南汇三县文广系统春节联欢会上演奏，受到欢迎，走出了摹鸟短笛走向民间演出的第一步。80年代后期至90年代，袁菊平几乎年年协助华师大鸟类研究小组，利用摹鸟短笛引捕鸟类，进行科学研究。

（主要场景：文艺演出；字幕：袁菊平）

老艺人黄火根，82岁，16岁开始捕鸟生涯，能创作极精巧的短笛，能摹仿吹奏20多种鸟的鸣叫声。他20多岁时曾制作一笛，至今仍坚而不裂，色泽清亮，能吹出清越、高亢的鸟鸣声，近60年来视为至宝。黄火根能识别数十米上空飞鸟，用摹鸟短笛召其飞来，技艺远近闻名。80年代后期，黄火根停止捕鸟，但至今仍保存制作摹鸟短笛手艺，并尚能吹出10余种鸟的鸣叫声。

主要传承人朱德龙，四代捕鸟，技艺不凡。董佰官、董野弟、董永平，曾三代捕鸟，三代都能制作、吹奏摹鸟短笛。如今，他们虽都已停止捕鸟，且都已年事已高，但一手技艺尚存。

（主要场景：几组人物及活动；字幕：朱德龙、袁雪官、黄富根）

2000年后，随着南汇大开发建设，芦潮港镇走上了开发建设的最前沿，成了洋山深水港和临港新城的陆域基地和组成部分。大片滩涂、湿地消失，开发建设成了人工半岛、滴水湖，成为新城的一部分。2009年，外中村、汇茂村、庙港村已整体拆迁，原来的农民都搬入了新村小区，成了城镇居民，摹鸟短笛诱鸟捕鸟的功能早已不复存在。但是，作为一种民间乐器和吹奏技巧，已根植在民间，成为芦潮港地区民间技艺的一个组成部分，摹鸟短笛也走上了演奏、旅游纪念品、诱鸟驯鸟和鸟类科研的综合开发之路。

（主要场景：东海大桥、铁路、商务广场、新村、短笛吹奏演出、镇领导谈话；字幕：芦潮港镇副镇长倪翠萍）

附：芦潮港滩涂湿地野鸟名录

老颧嘴、小颧嘴、直嘴、翠沙（翠鸟）、黄鹁（鹌鹑）、花棋嘴、红脚鸟、千鸠鸠（班鸠）、青呆郎、摇小柱、水碧溜、小湖鹁、花盖、山哑雀（黄雀）、麻沙鹏、沙大头、小嘴将、海燕子、桃花将；

布谷、白头翁、草鹅、乌鸦、雁、竹鸡、黄腾、海欧、沙鸟、画眉、黄百郎、喜鹊、麦环鸟、告天、黄鹏、十姐妹、燕鷌、山和尚、雪眼鸟、鹡鸠、绶带鸟、不冬鸟、黄莺。

（共计42种，其中前19类鸟，大多能用摹鸟短笛吹出它的鸣叫声）

第五节　申报

一、申报报告

我镇在非物质文化遗产普查基础上，通过认真筛选，拟将“芦潮港摹鸟短笛”申报南汇区非物质文化遗产名录，理由如下：

1. 该项目扎根沿海一定区域的文化传统，世代相传已有多年历史，具有鲜明的地方人文特色。

2. 出色地运用传统工艺和技能，体现出高超水平。

3. 对本地和周边地区产生过重大的影响，标志一定社会群体在行业内的技艺流派、代表人物。

4. 因社会变革和城市化，同时缺乏保护措施、技艺服务对象转移措施而处于濒危状态。

如申报成功，“摹鸟短笛”将成为重要的文化杂艺表演项目和有价值的旅游资源，也可望成为驯鸟及鸟类科研的重要手段。

以上申报，请审核。

申报人：南汇区芦潮港镇人民政府

二〇〇六年十二月

附件：1. 申报名录简介
　　　2. 申报书文本
　　　3. 资源分布、传播
　　　4. 传承谱系表
　　　5. 相关照片、复印件
　　　6. 技能持有人授权书

申报项目代码：08

上海市非物质文化遗产名录申报书

申报项目类别：民间杂艺《摹鸟笛技》

申报单位：南汇区芦潮港镇

上海市非物质文化遗产保护中心印制
二00六年十二月

注意事项及填表说明

一、注意事项

（一）封面及表格中“申报项目代码”按以下标准填写

数字代码：

民间文学（口头文学 02），民间美术（03），民间音乐（04），民间舞蹈（05），戏曲（06），曲艺（07），民间杂技（08），民间手工技艺（09），生产商贸习俗（10），消费习俗（11），人生礼俗（12），岁时节令（13），民间信仰（14），民间知识（15），传统体育竞技（16），与上述文化表现形式相关的文化空间（17）。

（二）此申报书可在上海市文化广播影视管理局网站（http://wgj.sh.gov.cn/）和上海市群众艺术馆网站（www.cnarts.net/shqzarts/）点击下载，表格各项栏目可根据内容自由扩展版面。

（三）凡在各项栏目中没有纳入的其他重要内容，可在“备注”一栏中说明。

（四）表格一律用电脑填写（仿宋体、五号），准确无误，不得弄虚作假。凡填写内容不实、有虚假成分者，一经发现，取消其申报资格。

二、填表说明

（一）第二项“项目说明”的“基本内容”栏目中，包括：

1、项目基本情况；

2、具体表现形态；

3、子项目说明。

（二）第四项“项目管理”的“已采取的保护措施”栏目中，应包括已经采取的政策以及其他各种保护措施。

（三）在第五项“保护计划”的“保护内容”栏目中，保护计划应包括确认、建档、保存、保护、传承、传播、研究等内容。具体可参见《上海市非物质文化遗产名录项目申报评定暂行办法》。

一、基本信息

项目名称	摹鸟笛技	所属镇或单位	芦潮港镇
申 报 者	芦潮港镇文化服务中心	责 任 人	刘永平
通讯地址	芦潮港镇果园	邮政编码	201308
联系电话	58281142	传真号码	58281147
电子信箱			
所在区域及其地理环境	区域：上海市南汇区东南沿海，东临东海、南依杭州湾外口。地理位置：北纬 31° 53′，东经 121° 50′，是长江下游冲积平原尖端，于杭州湾北岸、长江口南岸成钝锥形入海。 环境：全境 18.5 平方公里，海岸线长 15 公里，境内地势平坦，一般标高吴淞 4.2 米，东西高低变化甚微，海拔 2.6 米。全境成陆仅百余年，土壤发育不足、脱盐晚。但水系发达，河流纵横、圩塘众多。 全境属亚热带海洋性气候，阳光充足、四季分明，以东南季风为主，也易受太平洋台风影响。年平均气温 15.6℃，年平均雨量 1085 毫米，日照 2119 小时，平均无霜期 252 天。 境内滩涂、湿地 1984 年时达 120 多公顷，滩涂资源丰富，栖息、过境野生鸟类达 30 余种。		

二、项目说明

类别	民间杂艺	代码	08
分布区域	南汇区东南沿海。 镇境内沿海各村、外中村1、2、3组，汇茂村2组，庙岗村5组。其传播路线自北（外中村）向南（汇茂村），折而西南()以分布三村6个村民小组为重点。		
历史渊源	清光绪十年（1884年）筑彭公塘后，随移民入迁自崇明传入。滩涂上开始有人以小竹笛吹奏诱鸟捕鸟；民国初摹鸟笛技已广为应用；解放前后已形成以捕鸟为生计群体，笛技成为诱鸟主要手段，二十世纪八十年代，诱鸟捕鸟达高峰（详见附录一）。“南汇地情丛书”对摹鸟短笛曾作记载。		
基本内容	用小竹管制成精巧小笛，在春秋捕鸟季节，口含竹笛，用舌控制气流、音量，能模仿十余种鸟的鸣叫声，以此诱鸟入网，围而捕之。二十世纪八十年代后，野生鸟类得到保护，滩涂野生鸟类实行禁捕，摹鸟短笛转为民间文化活动时的杂艺表演和为鸟类科研机构服务。		
制品及作品等相关器具	用小竹管制成，长8公分，带节一头封闭，近处开一小方孔。一头成斜形，上方留一吹嘴，吹嘴中空。制成后用盐卤浸泡，坚而不裂，音色清亮。		
传承谱系	第一代 唐宇楼　唐龙祥、 袁才林 董佰官 朱秋生（第二代）	第二代 唐生龙、唐月龙 袁雪官 董阿林 朱连勋（第三代）	第三代 唐卫明、唐林根、唐林生 袁菊平、袁利平 董云平、董宝官 朱德龙（第四代）

三、项目论证

基本特征	一、音色清亮、高远。吹奏者用舌舔吸笛嘴，可随意控制气流音量，时而高亢清越，时而尖细嘹亮。或凄迷低徊，或悦耳高旷，摹仿真鸟鸣叫极为相似，真假难辨。 二、摹仿鸟类多。一般艺人能摹仿数种至十数种，高手可摹仿20种以上鸟类的鸣叫，有的甚至可招引百米高空的飞鸟。 三、技艺传人高手能识别野鸟名，根据不同鸟类及雌雄，可吹成一问一答，状似人鸟对话，以召引野鸟。
主要价值	二十世纪八十年代前是诱鸟捕鸟的重要工具和技艺，八十年代后期开始逐步停止诱鸟，开始参与民间游艺。八十年代至九十年代，多次帮助鸟类研究机构完成科研任务。此外，可以召引野鸟，捕后为生物检测服务，预防动物病在人类的传播；可以作为机场、重要电信场所外围引鸟驱鸟的工具；可以借以人鸟对话，为构建人与自然和谐环境、保护生态服务；可以制成旅游嬉戏产品，为旅游业服务。
目前濒危状况	一、开发加快。滩涂、湿地、芦苇塘已变为人工半岛、滴水湖，野生鸟类栖息地大量消失，已无鸟可诱可捕，摹鸟短笛已无需存在。 二、城市化，外中、汇茂、庙港各村已整体拆迁，农民变成居民，且都已纳入小城镇社保，诱鸟捕鸟维持生计已无必要。 三、捕鸟群体已不复存在，少数持艺人或改行，或年事已高。 四、虽多次为鸟类科研机构服务，为统计、观察、研究候留鸟作出贡献，但都为不定期、不定人，新世纪始又已中断配合服务。所以，摹鸟笛技处于濒危消亡境地。

四、项目管理

管理责任人	组织名称	芦潮港镇人民政府	责 任 人	朱洪明
	通讯地址	芦潮港路 1750 弄 8 号	邮政编码	201308
	联系电话	58282193	传真号码	58282411
	电子信箱	http: / / www. luchaogang. gov. cn		
资金已投入状	已投入资金 3 万元，用于普查、建档、会务、录音（像）演出等资金			
已采取的保护措施	一、建档：通过普查，摸清摹鸟短笛杂艺持有人的人数、类别、年龄、现状，为保护工作建立档案。 二、通过座谈会、个别拜访，告知技艺持有人妥为保存摹鸟短笛，同时不定期进行技艺操练，以保持原有特色。 三、2006 年 10 月起组织部分老艺人参加下乡演出，在活动中保持技艺活力，扩大知名度。12 月，又鼓励老艺人在电视台录制节目，保存原始资料。 四、2007 年 1 月，配合南汇电视台，已成功拍摄专题片《摹鸟短笛》，对其资源、传人、特色、保护现状、功能等做了全面记录，既抢救保存了资料，播放后又扩大了影响。			

五、保护工作规划与计划

保护内容	摹鸟笛技的制作、吹奏、演出和协作科研单位工作		
十年保护目标	一、有一支能制作、可吹奏的笛技演出小分队。 二、培养 8—10 名新一代技艺能手，其中 1-2 人成为召引鸟类专家。 三、摹鸟短笛制成旅游产品。 四、主动和鸟类研究机构、机场等联系，为其服务。		
五年保护工作计划（可附页）	时间（年度）	主要保护措施	阶段预期目标
	2006 年	普查建档、尝试下乡演出	理清杂艺现状、扩大知名
	2007 年	有组织地开展技艺操练演出，拍摄专题片	保持技艺原色、扩大知名度，抢救、留存较完整的资料
	2008 年	3-4 名二代传人每人带教 1-2 人	杂艺后继有人
	2009 年	协助鸟类科研、观察、捕放野鸟制成旅游产品（含技艺）	杂艺向多方位服务发展
	2010 年	组成 10 人以上分队	能多方位为其他机构服务，能创编百鸟催春协奏曲
五年内主要保护措施（可附页）	一、镇文化服务中心牵头成立保护小组。 二、每年给 3-4 名老艺人发一次性补助，鼓励保持技艺特色。 三、鼓励有偿带教、鼓励参加文艺演出、并试制旅游产品，在活动中保持技艺特色，扩大影响。		
建立何种机制	镇文化服务中心牵头，组成奖励机制，鼓励带教出一批技艺传人。		
依据说明及经费预算（可附页）	保护工作已列入政府申报项目，并列入政府工作计划，其措施、经费，应由其保障。 五年预算经费：主要用于老艺人年一次性补助，有偿带教，演出活动和其他开支，合计 50000 元。		
备　注			

授权书

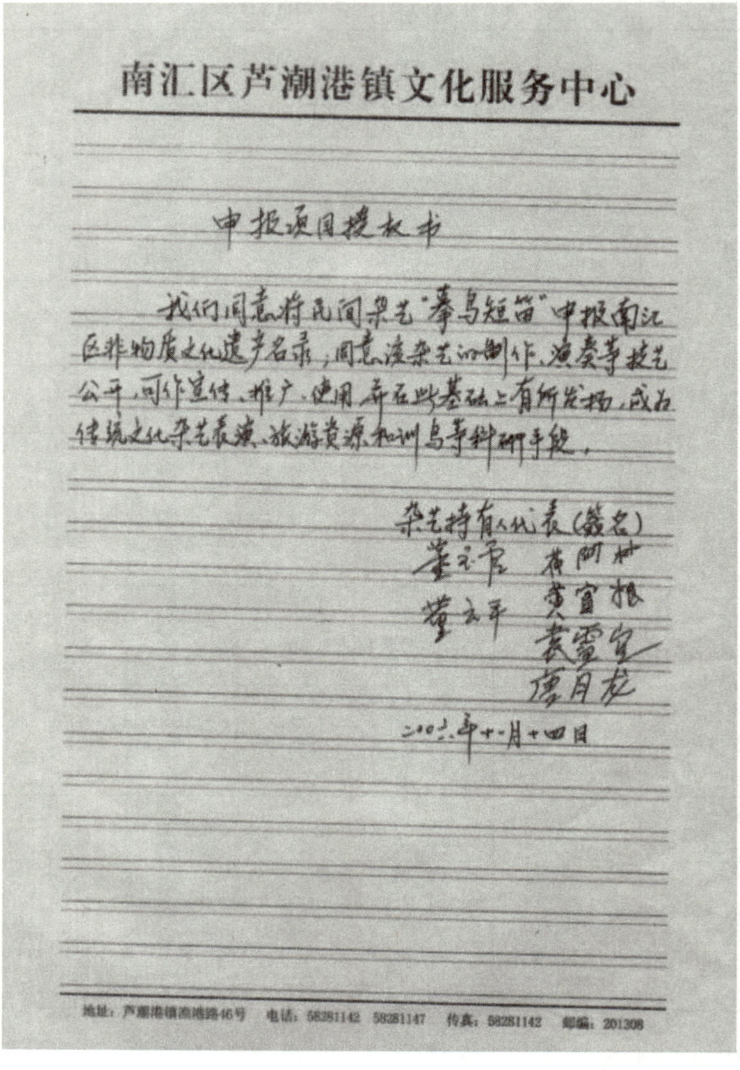

南汇区芦潮港镇文化服务中心

申报项目授权书

我们同意将民间杂艺"奉鸟短笛"申报南汇区非物质文化遗产名录，同意该杂艺的制作、演奏等技艺公开，可作宣传、推广、使用，并在此基础上有所发扬，成为传统文化杂艺表演、旅游资源和训鸟等辅助手段。

杂艺持有人代表（签名）
董云官　黄阿林
董云平　黄富根
袁雪宝
唐月龙

二〇〇六年十一月十四日

地址：芦潮港镇渔港路46号　电话：58281142　58281147　传真：58281142　邮编：201308

传播路线

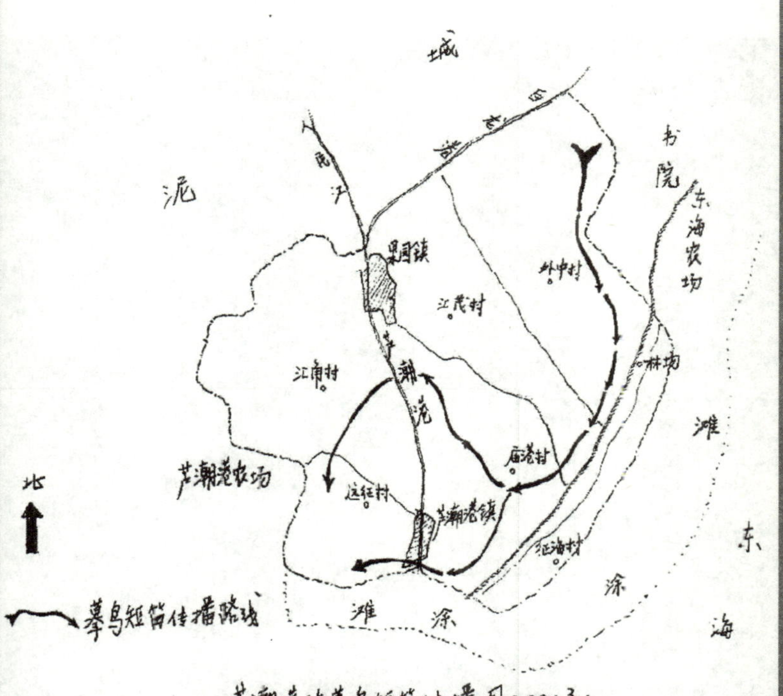

芦潮港镇摹鸟短笛传播图(1984年)

上海市南汇区人民政府关于公布第一批

区级非物质文化遗产名录的通知

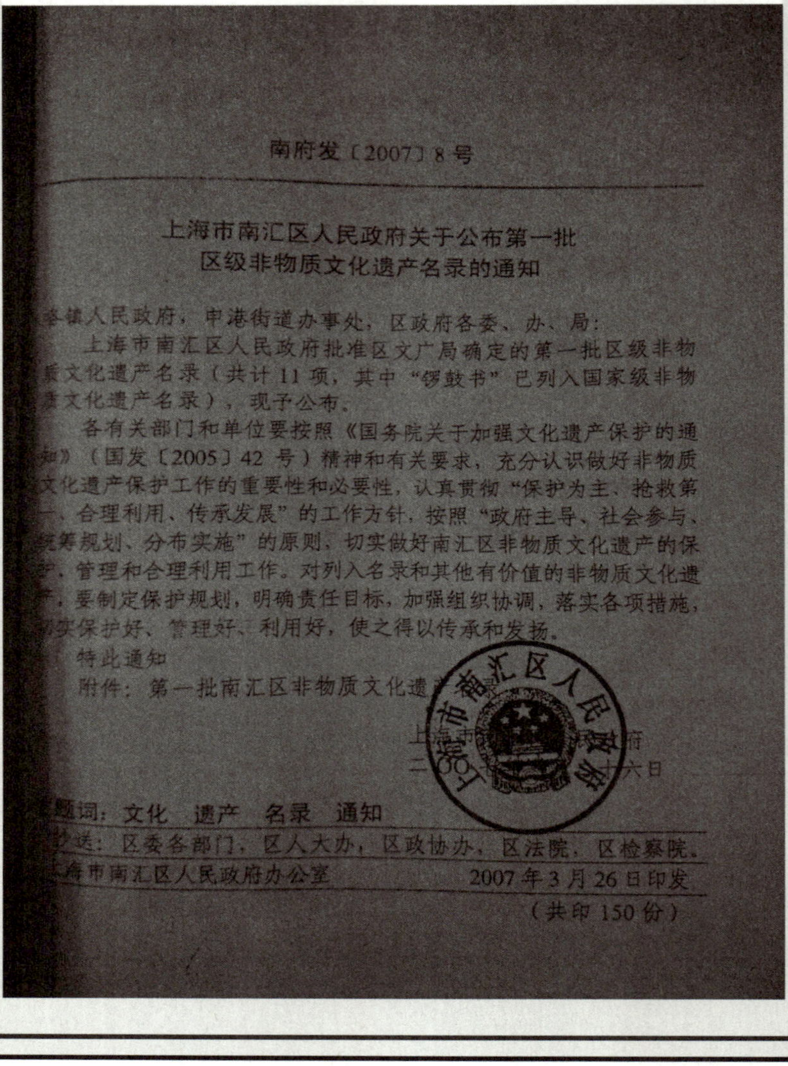

南府发〔2007〕8号

上海市南汇区人民政府关于公布第一批
区级非物质文化遗产名录的通知

各镇人民政府，申港街道办事处，区政府各委、办、局：

上海市南汇区人民政府批准区文广局确定的第一批区级非物质文化遗产名录（共计11项，其中“锣鼓书”已列入国家级非物质文化遗产名录），现予公布。

各有关部门和单位要按照《国务院关于加强文化遗产保护的通知》（国发〔2005〕42号）精神和有关要求，充分认识做好非物质文化遗产保护工作的重要性和必要性，认真贯彻“保护为主、抢救第一、合理利用、传承发展”的工作方针，按照“政府主导、社会参与、统筹规划、分布实施”的原则，切实做好南汇区非物质文化遗产的保护、管理和合理利用工作。对列入名录和其他有价值的非物质文化遗产，要制定保护规划，明确责任目标，加强组织协调，落实各项措施，切实保护好、管理好、利用好，使之得以传承和发扬。

特此通知

附件：第一批南汇区非物质文化遗产名录

上海市南汇区人民政府
二〇〇七年三月二十六日

主题词：文化　遗产　名录　通知

抄送：区委各部门，区人大办，区政协办，区法院，区检察院。

上海市南汇区人民政府办公室　　2007年3月26日印发

（共印150份）

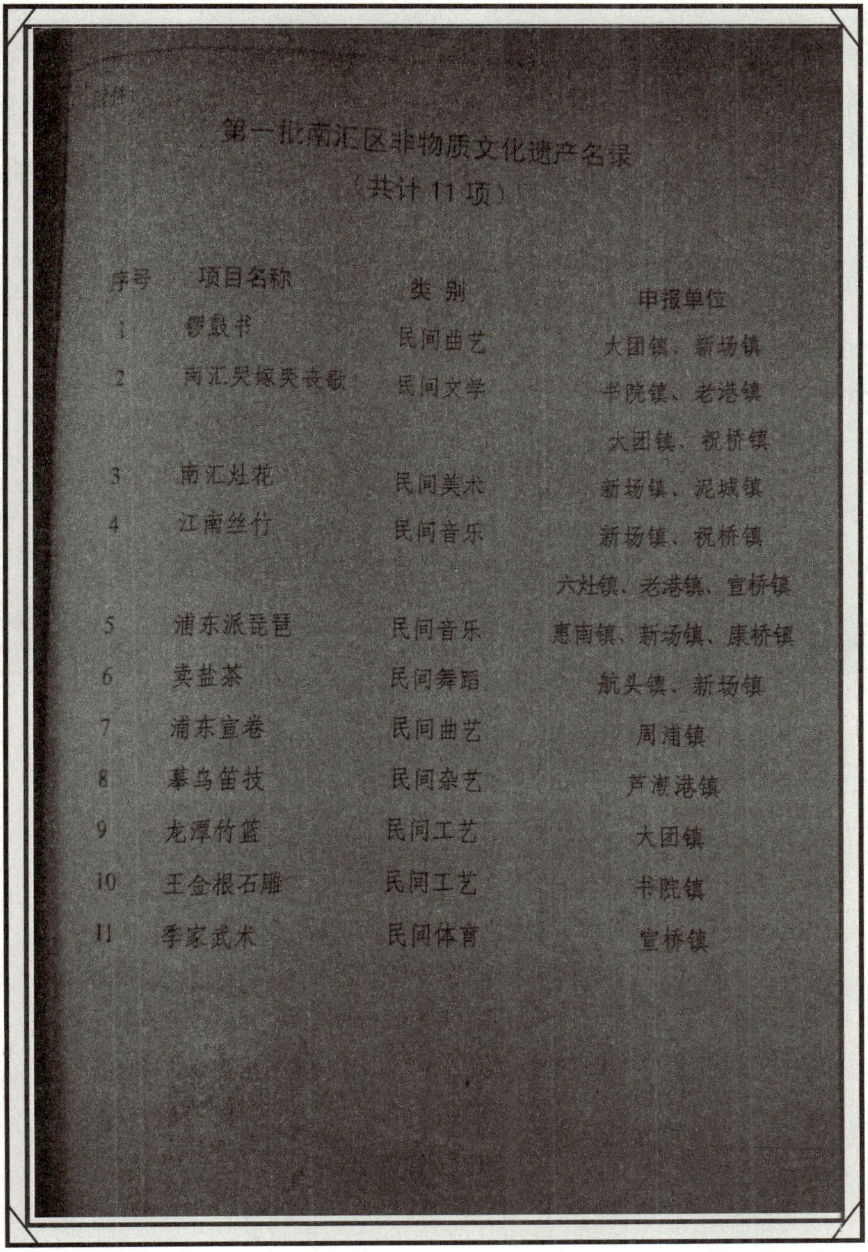

第一批南汇区非物质文化遗产名录
（共计11项）

序号	项目名称	类别	申报单位
1	锣鼓书	民间曲艺	大团镇、新场镇
2	南汇哭嫁哭丧歌	民间文学	书院镇、老港镇 大团镇、祝桥镇
3	南汇灶花	民间美术	新场镇、泥城镇
4	江南丝竹	民间音乐	新场镇、祝桥镇 六灶镇、老港镇、宣桥镇
5	浦东派琵琶	民间音乐	惠南镇、新场镇、康桥镇
6	卖盐茶	民间舞蹈	航头镇、新场镇
7	浦东宣卷	民间曲艺	周浦镇
8	摹鸟笛技	民间杂艺	芦潮港镇
9	龙潭竹篮	民间工艺	大团镇
10	王金根石雕	民间工艺	书院镇
11	季家武术	民间体育	宣桥镇

区级非遗项目——《鸟哨》铭牌

鸟哨照片

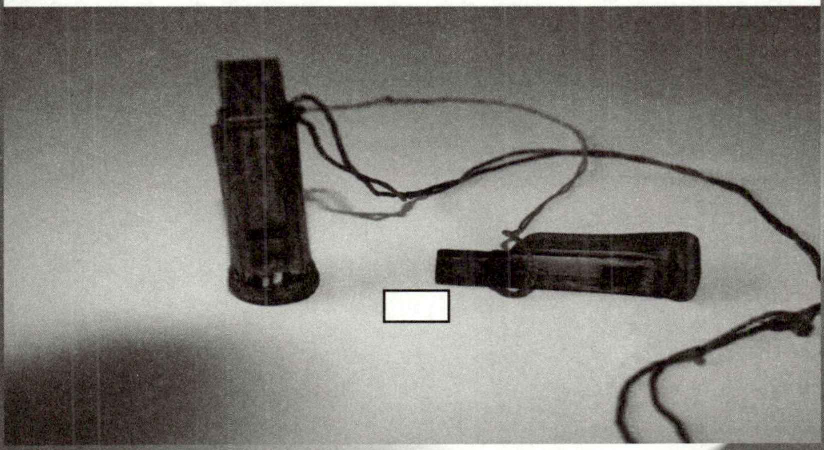

市级非遗项目——《鸟哨》铭牌

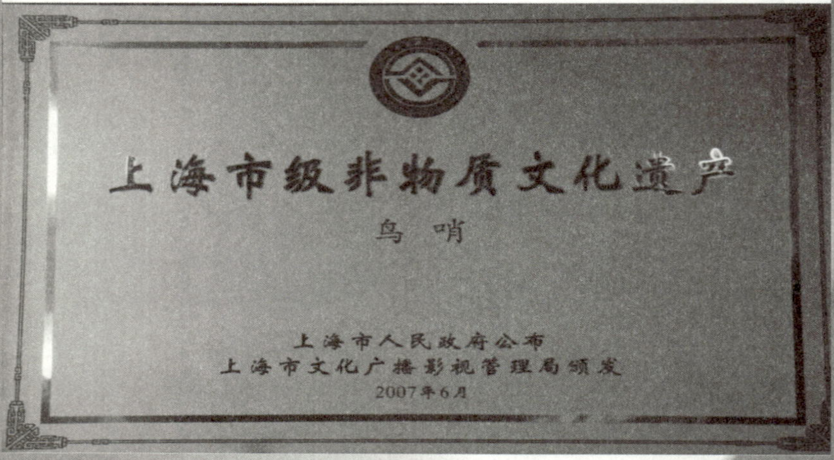

第一批上海市非物质文化遗产名录照片

二、申报名录(摹鸟短笛)简介

(一) 竹笛

芦潮港摹鸟短笛原为沿海农民捕鸟时诱鸟的一种吹奏工具,随移民入迁传入,形成于清末民初,解放前后发展迅速,20 世纪七八十年代达到高潮,后逐渐转化为民间文化杂艺表演,成为鸟类研究机构召引野鸟的辅助工具。

清光绪十年(1884 年)南汇筑彭公塘,滩涂形成后逐年东扩南移。清光绪三十一年(1906 年)筑李公塘,两塘间为夹塘地区,芦潮港镇位于伍夹塘南端。夹塘地区 1906 年前就有逃荒农民集居,但土地盐碱重,产量极低。为维持生计,有的农民半农半渔,有的开始利用滩涂、野生资源,逐渐形成以捕鸟为生计的群体,并在实践中创造了许多诱捕鸟类的手艺。其中,摹鸟短笛应运而生,且世代相传、子承父技。至解放前后,境内专业捕鸟者达 30 余户、70 余人,摹鸟短笛已广为应用。

摹鸟短笛用小竹管制成,长不过 3 寸,经盐卤浸泡,坚而不裂,音色清亮。捕鸟人用舌控制气流,模仿真鸟鸣叫,时而高亢,时而清越,时而尖细清亮,时而缭绕余音,真假难辨,极为相似,真鸟以为是同类呼叫,往往被人诱而捕之。技艺高超者能摹仿 10 余种野鸟鸣叫声,老艺人黄富根能用短笛召引百米高空飞鸟。1992 年,技艺传人袁菊平曾和县文化馆合编《海鸟催春》吹奏曲,在松江、宝山、南汇三县文广系统春节联谊会上成功演奏。同时多次协助鸟类研究机构引鸟召鸟,捕鸟放飞。

随着芦潮港地区开发建设和城市化,随着野生鸟类保护工作的推进,20 世纪 80 年代后,捕捉野生鸟类逐渐减少,专业捕鸟群体不复存在,摹鸟短笛失去生存空间。但短笛作为一种民间文化杂艺,作为召引鸟类的技艺,濒危和消亡颇为可惜。1992 年,摹鸟短笛已有过成功演出的尝试,可惜后又消声匿迹。直到近年来镇文化中心送戏下乡时,摹鸟短笛作为演出节目,才再次受到欢迎。2006 年摹鸟短笛在南汇电视台制成节目;2007 年 1 月制成专题电视片,播出后大受群众欢迎。此外,摹鸟短笛作为一种旅游资源,作为公园、动物园、鸟类研究机构召引鸟类的工具,有的已作出贡献,有的正在尝试,也具有相当的价值。

三、捕鸟

曾经在很长很长的时期内,如果你能在立春到谷雨、立秋到霜降这些季节里，来到南汇漫长的滩涂上，你就会进入“鸟语啾啾声声脆，疑入鸟林迷人醉”的那种令人神奇美妙的境界。然而只要你稍作观察，你就会奇怪，怎么只闻鸟啼不见鸟呢？原来那鸟声是隐蔽在芦苇丛里的捕鸟人用笛子吹出来的。

这种笛子叫“摹鸟短笛”，是用小竹管制作的，长约 2 英吋，内径约 1 厘米，一头封闭一头呈斜形开口。吹奏的方法及其简单，将斜口的一端含在口中直吹就行，当然看似简单实在奥妙无穷。捕鸟人必须幼时开始，在师傅指导下，经过数年甚至更长时间的苦练，吹奏出各种鸟的鸣叫声，直到大海上的各种飞鸟误以为你是同类，被你短笛中吹出的鸟鸣声吸引住才算功夫到家了。

每到捕鸟季节，捕鸟人在滩涂上张起鸟网，插上几只假鸟，再撒上一点诱饵，然后躲进旁边芦苇丛里，用摹鸟短笛吹奏出各种各样鸟的鸣叫声，飞鸟误以为同类的召唤，纷纷飞到网下觅食，捕鸟人轻轻拉上鸟网支架，网下的飞鸟就逃不掉了。

1984 年，县文化馆派人到芦潮港一工区三队采访捕鸟能手黄火根，他当场用摹鸟短笛吹奏出二十多种鸟的鸣叫声，如：老鹳嘴、小鹳嘴、直嘴、翠沙、黄鹁、花期嘴、红脚、干鸠鸠、青呆郎、摇小桂、水碧流、小湖鹁、华盖、山哑雀、麻纱鹏，还有沙大头、小嘴将、海燕子、桃花将等。

黄火根高超的摹鸟短笛吹奏以及那许许多多闻所未闻的飞鸟名，使采访他的人大感兴趣，后来县文化馆的音乐工作者和黄火根、袁菊平一起编创了一手摹鸟短笛吹奏曲《海鸟催春》，在县文化艺术节上演出，受到好评。

20 世纪 80 年代以来，国家发布了一系列保护鸟类的法律法规，摹鸟短笛的捕鸟手段被明令禁止，黄火根的摹鸟短笛，至今他的后辈也没有一个会吹了。

“摹鸟短笛”作为一种民间乐器应该有其生存和发展价值，失传了岂不可惜。

第六章　民俗

芦潮港是个移民乡镇，先民自清末以来逐渐由南汇的塘东，江苏海门、启东、盐城，浙江余姚和上海崇明等地迁入，其民俗都和迁出地相近，但由于祖辈来自各地，随着岁月流逝，经济、文化、生活相互融合，其民俗在原有的基础上有了发展，逐渐形成了如今的特色，特别是消费习俗，生产习俗，更多地打上了海洋文化的烙印。

20 世纪 60 年代至 90 年代，芦潮港"万亩果园"风华正茂。"万亩果园"不但使芦潮港地区人民逐渐走上富裕道路，也使人们的习俗相互更为融合，朝着社会主义新风尚不断发展。

第一节　人生礼俗

一、十二朝（满月）

芦潮港地区婴儿出生后一般不做满月，而做十二朝。

婴儿生下后第十二天，俗称十二朝。其父母为招待前来探望"坐月子"产妇的至亲好友，要设丰盛酒席邀其赴宴，以示谢意和庆贺。一般都在第十二天设宴庆贺，也有根据具体情况提前或延后的，但都不会超过一个月，不管选择哪一天办十二朝酒宴，宴前至亲长辈、平辈、好友都要带礼品或送现金以示庆贺。宴毕，主人家又要以红蛋、汤圆或糕点相赠，以示谢意。此俗自解放前一直传至今日不衰，是当地重要人生礼俗。

解放前至 20 世纪 60 年代，芦潮港经济落后，农民生活贫困，做十二朝颇为简单，除少数人家外，多数农家在做十二朝仅以高粱圆子、大米（玉米）圆子待客，而亲朋好友的贺礼，也仅一包红糖或几尺土布而已。

随着社会经济的发展，人们生活水平的提高，十二朝的规模越来越大，从原本的以女眷、孩子为主，发展到亲朋好友全体参加；规格越来越高，从原来的便饭，到如今的丰盛酒宴，已与婚宴无多大区别。

二、婚姻形式

芦潮港地区男女婚姻旧时都凭借“父母之命，媒妁之言”，其思想对青年男女有一定束缚；同时也出现其他多种婚姻形式。

（一）抢亲

男女双方订婚后，男方因无力操办婚事，或女方有毁约之意，往往发生抢亲事件。抢亲由男方暗地组织，带领一帮人以突然袭击的方式实施。其规矩是：男方在抢亲过程中，第一个抢亲人必须是新郎，只要新郎拉上姑娘的手或抱住姑娘，抢亲队伍即行鸣炮撤离，女子被抢到男家需立即拜堂成亲。抢亲是旧社会强行结婚的方式，往往酿成逃婚或其他悲剧，解放后已绝迹。

（二）入赘

俗称“招女婿”。一般为女方家庭无男孩，把女婿招上门来，成为女方家庭的一员。“入赘”由女家办喜酒，拜堂成亲。“入赘”者往往兄弟多，或家庭经济条件差而无力承办喜事并接纳女方。所以，旧时入赘者在家中地位低，受人轻视，更要改从女方的姓。解放后，入赘女婿在女方已不受歧视，也不换姓改名，体现了男女平等。

（三）童养媳

俗称“养媳妇”。一般发生在男女双方家境都十分困难的家庭。女方因子女多，已无力供养女儿；男方因家境贫寒，恐儿子长大后讨不起媳妇，于是双方父母作主，女孩从小到婆家当小媳妇。到成婚年龄，一般不举行婚礼，由父母择日让他们“并床”，俗称“圆房”。童养媳一般在婆家多遭虐待，解放后已被废止。

（四）填寡

妇女丧夫之后，招一男子进家为夫，成为家庭主要劳动力，并负有抚养前夫子女成长的义务。填寡男子的地位比“上门女婿”还低下，俗称“填身体”。解放前，男方因家境十分贫穷无力娶妻才忍辱当“填身体”。解放后也有“填寡”，但双方地位已属平等。

（五）二婚

丈夫死后寡妇改嫁或男女离婚后女方改嫁，统称二婚。旧时“二婚”往往受人冷遇，所带子女被辱呼“拖油瓶”。解放后，二婚已成为正常婚姻。

(六) 续弦

妻子死后男方再娶、讨后老婆,俗称"填房"。前妻之子女,对父之后妻称"晚娘""后妈"。

三、婚礼

(一) 定亲

即订婚。解放前后芦潮港地区青年男女结婚前都有订婚仪式,定亲前先由男方托媒人向女方求取"八字",即姑娘出生年月时辰的红纸贴,女方如认可,则出具庚帖。男方凭媒人送来的庚帖,请算命先生按天干地支和五行阴阳学说合"八字"。男女双方"八字"相合,媒人三次上门,求婚的帖子被女家收受后,才择定吉日,举行订婚仪式。此外,女方在出具庚帖前,其父母要通过"打揖"(了解男方情况),作出是否出"八字"的定夺。

订婚仪式在当地称"过门"。过门之前,男方要送钱物等聘礼至女家。当日,男方置办酒席,由男方家长、长辈和未来的媳妇同宴。席间,男方家长、长辈、亲属要出"叫钱"(见面礼),未来的媳妇则是一一叫过长辈亲属。宴后,称为"过门媳妇"。此后,姑娘可与男家自由往来,过门女婿则在逢年过节时要向女方家长送礼(俗称行盘,如年夜盘、端午盘)。

(二) 望婆

过门后次日,女方要买烟酒糖果等礼品去男方看望公婆和出过"叫钱"的长辈,此谓"望婆"。同样,男方第一次去女家见丈人丈母,也要有所馈赠,如烟酒糖果糕点;女方家长和长辈,对第一次上门的女婿也要出"叫钱",以示礼仪。"望婆"过后,过门媳妇和男方往来密切。

(三) 结婚

结婚也俗称"好日"。一般在结婚前数月,男方须备办彩礼,由媒人去女方商量婚事,然后择日办喜事。排场大小因贫富而异。富家子女结婚,迎亲用轿子,嫁妆有车船,沿途雇乐队。贫民百姓娶亲,以牛车或船代轿,嫁妆也简单:粗布棉被一条,包袱一个,不像富家新娘,箱笼布匹、绸缎棉被锦衣、日用品等一应俱全。

结婚仪式不论贫富基本一致,先燃花烛后拜堂,喜筵间新娘要随婆一一叫过长辈、亲友,而长辈亲友要再一次给新娘"叫钱",由婆母收后统一交新娘。晚间则闹新房、发喜果,直至半夜。次日,新娘为答谢出过"叫钱"的长、平辈亲属,要分妆礼布，有被面、衣料、毛巾、被褥等，俗称“抬礼”。随后，新婚夫妻同去女家，称之“回门”。女方置办酒席招待新女婿。新郎当天回家，新娘则要住在娘家，一二日后由新娘兄弟送回，俗称“接满月”。至此，结婚仪式才告结束。

20 世纪 90 年代以来，结婚礼仪基本不变，但随着经济发展，嫁妆、酒席、“叫钱”等规格已越来越高，有时已成为男女双方家长较重的负担。

四、丧葬礼仪

芦潮港地区丧葬礼仪自民国初至今，除“文革”期间一切从简外，无多大变化。其过程为：死者咽气前弥留之际，要有两人上屋招魂。一叫死者姓名，一呼应，俗称“叫灵性”或“招魂”，人一断气，将招魂时拿着的死者衣服抛向屋后，接着就拆帐子，烧衣服，化纸钱，置棺待殓（20 世纪 60 年代后实行火化）。同时撕白布分送亲友，一般小辈亲属腰扎白布，子女穿白衣白鞋、披麻戴孝。至至亲到齐，为死者洗身穿衣，一般穿“5 个领”或“7 个领”（套）即 5～7 件衣服。停尸 2～3 天，等海水涨潮时入殓或送火化，此为做“三朝”。下葬或火化后，要请“香伙”（扎纸手工匠人）扎纸房、纸船、纸库、纸箱框等一应用品，同死者生前睡的床、衣物等一起火化，供死者在阴间享用，俗称“烧床祭”；死后 100 天，丧家亲属最后一次聚会，称“做百日”。百日后小辈除孝（有的在“五七”后除孝），丧事全部结束。

“文革”后，丧事有所简化，但仍保留设灵堂、灵台、戴孝、烧床祭、烧纸钱、做“七”、做道场等风俗，依丧家贫富不等而不同。近几年来，丧事又有简化，但还保留了一些有积极意义的排场，如戴黑纱以示祭奠、怀念；烧床祭为病逝后现场可能留下的不洁之物作彻底消毒等。随着经济发展、社会进步，丧事简化了，但待客的素餐已变为丰盛的丧宴，如此而已。

第二节　生活习俗

芦潮港地区的生活习俗，受多个因素影响。先民原居住地习俗、地缘经济环境、经济发展水平都影响、制约了境内百姓的生活习俗。

芦潮港先民 70%～80%来自崇明、启东、海门等地农村，吃、穿、住、行的习俗无不打上该地的烙印。芦潮港地处海缘，“靠山吃山、靠水吃水”，诸多习俗又无不和海洋结缘。而长时期的经济滞后，又给芦潮港人们的生活习俗，打上了很深的时代印记，反映了习俗历史根源。

一、穿

衣食是人民生活中最基本的需要，不可一日缺少，古人有“衣食父母”一词和“衣食足则知荣辱”的说法，而我国人民一向又把衣排在首位。在清末成陆至解放前的芦潮港，半个多世纪里，老百姓生存的第一需要是有一张布片御寒，一件棉衣甚至就是一条生命。

衣着习俗和变化，芦潮港地区可分三个时期。

自成陆集居至60年代初，人们生活极为贫困，半个多世纪内衣着都以自纺自织的土布为主。土布有格子布、条子布、染蓝布、紫花布、白布等。男上装为对襟短衫，女上装为大襟短衫，男女都叠档腰裤，中老年冬季在腰间系一蓝布作裙。冬天土布袜，其他季节则赤脚布鞋，冬季芦花蒲鞋。

60年代至70年代末为第二个时期，随着生活水平逐渐提高，集镇形成，机制布增多，服装式样除老年人仍喜穿老式对襟装外，中山装、人民装、学生装不断普及，叠裆腰裤淘汰，西裤盛行。土布逐渐减少，卡其等棉织品增多，纱袜、胶鞋普遍，闲时皮鞋出现。至“文革”期间，无论男女，无论中青年都以中山装、人民装、草绿便军服为主，其色单一为藏青、铁灰。西装、旗袍、首饰被视为异端。

改革开放后土布已近淘汰，衣料从棉布发展到各种化纤、毛料织品、涤棉、中长纤维等，其色、式已近城市人们穿戴。女装，夏秋以裙为主，款式多样。男装则有T恤、西装、茄克衫。此外，蝙蝠衫、高腰衫、滑雪衫、太空衫、猎装、长短风雪大衣、各式晴纶衫、羊毛衫、健美裤、牛仔裤、太子裤、一步裙等应有尽有。90年代后，衣料从化纤上升到呢绒绸缎、羽绒、裘皮等，色彩已克服单调的蓝、灰、黑，发展到紫酱红橙黄青绿，首饰出现，精彩纷呈。

二、食

民以食为天。芦潮港百姓的食，以1958年为界，可分两个时期。解放前至1958年，以杂粮为主。特别是解放前，主粮仅玉米、元麦、山芋等，大米很难见到，民间有“要吃白米饭，等到大年夜”一说。副食以自制的咸菜、咸瓜、青菜、萝卜为主，偶有荤菜，是自捕的小海鱼、黄泥螺、蟛蜞、蛏子、螺蛳一类，其他鸡鸭肉类，四季难见。

1958年冬，芦潮港办起“万亩果园”，属经济作物地区，除种植果树外，其他粮(杂粮)、棉、油等面积逐年减少,境内属粮食统销地区,国家按人口统销大米。自此,食以大米为主,搭配杂粮。至80年代后,杂粮仅作偶尔调剂口味食用。1984年,农村实行家庭联产承包责任制后,副食品种类、数量迅速增加,多数农家已能荤素搭配。90年代后,随着农业、种植业结构的调整,市场副食品资源越来越丰富,芦潮港百姓的饮食习惯已接近市镇。

进入新世纪,随着芦潮港经济发展和人民生活水平的不断提高,境内饮食文化已发展到一个全新时期。以婚丧喜庆为例,用8菜、8炒、全鸡、全鸭、全蹄、全鱼、山珍海味,一应俱全。平时,一般家庭都备有糕点、水果、饮料,以工作之余当零食和代茶解渴。家有亲友往来,7～8样荤菜,再有几样时鲜素菜已属一般情况。甚至牛奶,也已逐步走进了普通农家。

芦潮港地区解放前后的主食"玉米稀饭""麦稀饭"和后来形成的"咸酸饭"等,是饮食习俗的重要内容,现简介于下。

(一) 玉米糁饭(粥)

玉米稀饭在芦潮港称大米(大,音du,沿海一带称玉米为大米)糁饭。解放前至20世纪60年代,玉米是沿海农民主要粮食作物之一,也是主要口粮之一。把玉米(黄玉米)轧成玉米糁,煮饭时先把米饭煮熟,略微等待数分钟,倒入玉米糁,用筷子把刚熟的米饭和玉米糁充分搅匀,使每粒米饭都沾上玉米糁,盖上锅盖,数分钟后熟成为一锅色泽金黄、香气扑鼻的大米糁饭。

玉米糁饭中拌入玉米糁的多少成为生活水平高低标志之一。解放前后农民生活贫困,无钱购买大米,玉米糁和麦糁则为主食。煮饭时以玉米糁或麦糁为主。后随着生活水平提高,拌入玉米糁逐渐减少。至七八十年代,已基本不吃玉米糁饭。如今,拌入少量玉米糁,煮成玉米糁饭,仅成为少数人调剂口味的一种饭食。

(二) 麦糁饭(粥)

解放前至20世纪60年代,本地农民主要饭食,用元麦轧(磨)成麦糁后煮成,其煮法和玉米糁饭同。

(三) 咸酸饭

咸酸饭是南汇特有的农家饭食,沿海芦潮港地区更为突出。20世纪90年代至新世纪初,其曾成为桃花节期间招待游客的主要饭食。

咸酸饭主料为大米,辅料可根据自己的口味和营养要求,配以各种素菜,色泽鲜亮、制作方便、美味可口。其中,以荠菜(配上少量咸肉)咸酸饭为上品。

（四）马兰头干

马兰头是芦潮港地区主要野菜之一，遍地皆是。其生长过程中几乎不受病虫侵害，是本地无公害的野生传统蔬菜。凉拌、热炒均可，味道鲜美、养肝明目。

马兰头干为水煮后晾干的“马兰干”，一度成为桃花节期间最受欢迎的农家土产品，其用以煮肉或与肉配伍作粽子馅，味道可口、鲜美、清香，别有风味。

（五）芦粟

芦粟是芦潮港城乡居民夏秋主要消闲食品之一，几乎每户农家都在家前宅后、自留地、承包地上利用田边、地角广为栽种，入夏后陆续开始收割食用，其味甜、鲜嫩、汁多，不亚于水果。民谚云“黑籽芦粟比塘西甘蔗甜”。芦粟尚有解渴、通气、利尿功能，既消闲，又保健。

三、住

芦潮港地区成陆迟，清光绪三十二年（1906 年）筑李公塘后才陆续开垦。启东、崇明、海门等地农民前来垦荒定居时，其住房大多是草房，竹椽、芦编墙、稻草盖顶。更有少数是“环筒舍”，即以芦编搭建的极简茅草环棚。

解放后，“环筒舍”绝迹，60 年代中后期，农家普遍翻建成瓦房。70 年代农家瓦房一般都为 2～3 间平房，称七路头带走廊。80 年代后，以砖木、混凝土结构楼房为时兴。多数呈长方队列式，三间二层，少有三层，平顶或人字屋面，小瓦或平瓦盖顶，内设厅、房、厨、卫，前后有阳台、走廊，外墙用彩色石子或马赛克装饰。

90 年代后，农家趋向单户独院小楼，周围建围墙，铝合金门窗，外墙瓷面砖，琉璃瓦顶。内墙涂料或墙纸、墙布、板墙，契口地板，大理石地面，厅、房和现代化灶间、卫生间。其住房，一般 3～4 口之家为 200 平方米左右。

四、行

解放前至 50 年代末，境内无公路，外出以步行为主。上镇、携重物以及小孩、老人出行，有的用丝网船、小木船，有的用牛车。

60 年代初，大团至汇角始有小客轮（拖轮），人们出行可乘轮船去大镇、县城。70 年代开始，自行车逐渐增多，同时南泥、南果公路开通，出行更为方便。80 年代后，摩托车逐步进入农家。接着，货车、轿车于 90 年代后开始增多，船行淘汰，公路四通八达，车辆川流不息。

第三节 岁时节令

一、过年

芦潮港地区在众多的民间节日中，过年最为隆重。不论贫富，都把过年视为最大最重要的节日。

过年一般从阴历十二月廿三送灶君开始，到正月十五元宵结束。

“灶君”是民间俗神，家家供于灶山上，阴历十二月廿三是灶君上天庭向玉帝回报各家善恶事宜的日子，各家于晚饭前都要送灶君上天。送灶时先要在灶君神龛前摆上糕点果品，点燃香烛。各家为了让灶君上天后为自家多说好话，往往以自家最好的吃食供于灶前。因此，芦潮港地区民间有“八月廿四家家有，十二月廿四比高低”一说。送灶后意味着新年开始近了，于是家家户户忙着清扫洗涤，置办年货，赶制新衣，准备过年。

十二月廿九（小月为廿八）称“小年夜”，十二月三十（小月为廿九）是“大年夜”，是过年礼仪中重要的一部分。大年夜（或小年夜）晚上，要阖家团聚，每间房间点上灯火，辞旧迎新，吃年夜饭。吃年夜饭时若有亲人在外不能回家，则要为他留出座位，放置碗筷，以示团聚。饭后，全家团坐，长辈给小辈分“压岁钱”，后“守岁”，直至年初一凌晨一时。

正月初一凌晨一时，为添喜庆，要放“高升”鞭炮，名曰“开门炮”，家家力争第一，此时爆竹声声，此起彼伏，直至天亮，迎接新的一年的到来。有的妇女天未亮透，就赶往横港尼姑庵，争烧“头香”，祈祷一年的太平。

年初一，旧时禁忌颇多。不泼水、不扫地，以防破财；不淘米、不洗菜、不沾荤腥，以示聚财；不动剪刀，以示一年平安。初二开始走亲访友，俗称“拜岁”，休息娱乐，直至初八，新年气息渐淡。

元宵是芦潮港地区过年的最后一个仪式。此后，节庆已过，开始正常的春耕备耕和生活工作。正月十五过元宵，芦潮港地区的主要节庆活动是：接灶君、做荠菜圆子肉馄饨。晚上挂红灯、青少年“滩茅塘”、妇女姑娘请“缸三姑娘”，直至半夜，过年喜庆活动告结束。

二、清明

清明是芦潮港四大民间节令之一。

清明一般都在公历4月5日左右。清明节前7天后8天的半个月内，一般人家都要插香烧纸，祭扫祖坟，曰"上坟"。一般人家是添土修坟，置供品行祭。有钱人家则还操办酒席，鸣放礼炮。但不管贫富，都叫"做清明"。有的人家在正清明日，邀集未过门的女婿、媳妇、亲友聚会吃饭，叫"吃清明"。清明扫墓不仅祭祀自己的祖先，而且还要祭拜历史上为人民立过功、做过好事的人物，这在解放后的清明节，更为多见。

清明作为一个民间节日（另一是作为时序标志的节气），在芦潮港地区一般只以祭祖扫墓上坟为主，至于其他清明活动如"踏青""禁火寒食""植树"等则为很少涉及。

三、端午

农历五月初五，端午节原为端阳节、重五节。芦潮港又称"当午"。

芦潮港端午的主要习俗是：裹粽子、吃粽子，现有各式肉粽、枣子花生粽等等。吃"五黄"，即初五当天，以吃黄鱼、黄瓜、黄鳝、黄豆芽、雄黄酒（或其他带有"黄"字的食品）为福，意可解毒修福。小孩额上用雄黄酒写上"王"字，胸前褂内装雄黄或香粉的五色丝浅荷包；在家门口、床架、帐钩上悬挂菖蒲、艾蓬和大蒜头；妇女头上插艾叶；家中中午用苍术、白艾烟熏，以解毒避瘟。

芦潮港地区在端午前夕，已过门的女婿或新婚夫妇都要携带黄鱼、猪腿、糕点等物至丈人或娘家，俗称送"当五盘"。有的还由哥嫂给弟妹送夏衣、雨伞、草帽等物，俗称"送夏衣"或"送夏"。

四、中秋节

芦潮港称"八月半"，因地域关系，"尝月""拜月"之习并无流传，只留下吃汤圆、吃毛豆、芋艿和月饼的习俗。意为庆丰收、盼团圆。

五、其他节令

"立夏"，为农事季节，夏天和农忙开始。有"秤人"（即称体重习俗）。饮食上开始吃蚕豆、草头、梅子，有俗语称"立夏不吃蚕豆草头，死后无人抱头"和"立夏不吃梅，死后无人来”之说。

“六月六”：阴历六月初六，古为“天贶节”。芦潮港民间称六月六，有“六月六，买点肉笃笃”一说，把它视为节日。六月六在“芒种”“夏至”之间，公历7月上中旬，是一年中日照最亮足，气温最高时节。相传古时是皇帝晒龙袍的一天，后百姓纷纷效法，这一天若是天晴，家家户户翻箱倒柜晒衣被。此外，六月六天气炎热，民间又有“六月六，狗汰浴”一说，故这一天，大人告诫孩子，不要在这一天下河游泳。

“重阳”：古时“九”为阳，阴历九月初九因两“九”相重，故名重阳，又称“重九”。芦潮港地区视重阳为尊老之日，（古视九为尊）有“九月九，蟹逃走，快点吃顿蟹烧酒”一说。意为九月初九，螃蟹已肥，要请老人饮酒祈福，并送上自制的重阳糕。

腊八：农历十二月为“腊月”，十二月初八为“腊八”。相传“腊八”是佛教创始人祖释迦牟尼成道之日，为表纪念，旧时民间习惯于这一天吃“腊八粥”。芦潮港民间的“腊八粥”以大米、花生、豆类、玉米、芋艿、红枣、莲子等为主，一般都要八种食品煮成粥，可咸可甜。“腊八粥”有保健辟邪之功，老年人尤宜。旧时贫苦农家的“腊八粥”以米、豆、玉米类为主。解放后，随着农民生活水平的提高，才掺入红枣、莲子。但不论贫富，十二月初八吃“腊八粥”，已成为约定的民俗之一。

六、正月十五炭茅塘

“炭茅塘”起源于青海民间的元宵放“冒火”习俗。什么时候传入芦潮港不详。

芦潮港地区“炭茅塘”形式可分为两个不同时期。解放前“炭茅塘”主要在自家田间举行。正月十五晚饭后，各农家子弟用茅草扎成“耙”，点燃后在自家田头兜圈子，一面奔走，一面呼嚷“我家××长得好，人家××不像样”“我家未来富又富，人家……”等祷告祝福之类的话语，以求五谷丰登、人富平安。解放后逐渐改变形式，地点从田间地头转到了家前宅后，一般都选在大路边、河滩上，也不扎草把，只把各种柴草堆在一起，点燃后围民一起观看，也不大叫大嚷，只在心中默默祈祷全家人富足平安，年年有福。同时不断添置烧柴，一般是谁家“炭茅塘”时火烧得旺，就认为谁家来年“发”得旺，财到福到。

“炭茅塘”已成为芦潮港地区正月十五元宵节的重要庆典活动。城镇居民闹元宵、看灯，农家则以“炭茅塘”为乐。其时，大路边、河滩上，堆堆火炬相接，历时数小时，蔚为壮观。炭茅塘既清除了宅前宅后、路边、河滩的陈年杂草垃圾，付之一炬，又圆了新年合家平安、福财齐全的美好愿望。

第四节 俗神信仰

一、俗神：坑三姑娘

坑三姑娘在芦潮港农村祭奠活动已近百年。

坑三姑娘原名紫姑，是华夏民间民俗宗教中的侧神，在远古神话中其原型为男性，大致在六朝时期的志怪小说中转化为女性。

最早记载紫姑神故事原型出自南朝宋刘敬叔的《异苑》，书中谓其姓何，名媚，字丽娘，莱阳人，寿阳李景之妾，为嫡妇所不容，常役以污秽之事。后于正月十五因受折磨而惨死于厕所之中。从此，紫姑神信仰便与原始侧神崇拜合二为一，成为中国民间尤其是农村与年祭对象中影响最大、笃信最深的一位神灵。

在不同时代、不同地区，紫姑神有数十个异名。上世纪一二十年代传入芦潮港，名为"坑三姑娘""七姑娘""三姑娘"。每到正月十五，妇女们便将事先埋于厕所中的爪篱、扫帚之类取出，用纸糊的衣服扮好，然后点香烛，以茶酒供奉，谓之靖三姑娘。接着女性两人，分别以两手指钩住淘米箩，使其摇晃"点头"，接着报以问询之事，以淘米箩点头次数多少来预卜一年中的农事、祸福。

二、灶君

俗名灶王爷，是民众熟知的华夏民间俗神之一，芦潮港地区自成陆集居后，即开始为农家祭拜。灶王爷学名"灶神""灶君司命"。远在周代，就被列为居家"王祀"之一，上自天子，下至百姓，莫不祀之。灶神已成为民间最普遍的家宅神祀。

据传腊月廿三是"灶君诞"，芦潮港地区有"堂瓜祭灶，新年来到"一说。灶神是华夏神谱中的监察神，俗传受命于玉皇大帝，职司各家祸福，监察各家行为善恶，着每年腊月廿三上天汇报。芦潮港农家整体较穷，其中稍富裕人家则备糖糕甜黏食品祭之，希望灶王爷在上天汇报时只讲好话，为自家在玉帝面前美言，以降福全家。

灶君于阴历十二月廿三上天述职复命，正月十五由各家接回，开始一年新的监察司职。

三、天妃宫祭祀

“天妃宫”是南汇古代海洋文化的遗存，建于清光绪末年的汇角嘴外，曾一度搬迁，毁于1950年和“文革”期间，曾是芦潮港地区人们求神问仙的去处和信仰神灵。

天妃宫是为纪念宋朝一个叫林默娘的青年女子而建立的。林默娘（960—987年），幼聪慧，识水性，善驾舟。16岁时随父兄出海，遇狂风恶浪，舟覆，兄殁于水，她负父泅水至岸。后矢志不嫁，常驾舟救助湄洲屿附近海面遭风险渔商船民，逝世后为沿海民商船员尊为海神“妈祖”，设庙祭祀。

清光绪末年（1908年），南汇东南汇角嘴外有一沙带，称“拦头沙”，呈东西向，里低外高，海中来往船只常受其害。是年，上海几家木商联合在原芦潮港镇征海村6组北建造一座庙宇，称“天妃宫”，以求神灵保佑船只太平。

天妃宫有5间正房，两边各有2间厢房，宫外设铁架灯塔一座。不管刮风下雨，每晚都有人点灯，以示往来船只已近沙带，应及早避让。宫内有“天王皇后”像，实为“妈祖”神，皇后像两旁是泥塑顺风耳和千里眼神塑像；中间挂悬金字牌匾一块，刻有“灵照四海”四字。清宣统末年（1911年），东滩潮水向陆地猛烈冲击，天妃宫毁于潮水而淹没海中。不久，上海木商公司筹款重建天妃宫，重建后的天妃宫迁移至原芦潮港镇汇茂村9组北。自此，天妃宫成为附近农民、渔民等求神问仙的去所，天妃娘娘（妈祖）成为人们信仰的神灵。

抗日战争胜利后，天妃宫曾一度香火鼎盛。不久，有黄姓五金老板出资在宫内创办一所小学，校名为“继慈小学”，后改为汇茂小学，是芦潮港镇最早创办的小学。

天妃宫内塑像于1950年被拆毁，其他建筑物在“文革”期间也被毁坏，仅存碑石一方，碑文已毁而漫漶不清。至此，天妃宫已不复存在，但地名犹存。2001年，临港新城开始建设。2004年，天妃宫所在的汇茂村被整体拆迁。如今，两港大道从天妃宫的遗址上穿越而过，作为地名的天妃宫也只能存在于历史的记忆里了。

四、斋老大

“斋老大”是芦潮港渔民重要的习俗和信仰。芦潮港1984年时成为全国366个重要渔港之一。其时，汇集着本县和外省市、外县的渔船99条，渔民778人。仅本地渔民，年运上海市区鲜鱼24万担。

渔民出海捕捞作业，虽多属近海，但因船只设备、技术、气象、风浪等因素，都有一定的风险。为保出海太平，渔民都有“斋老大”的习俗和信仰。“斋”为斋戒、施舍。“老大”为祭祀的鬼神。其形式往往在出海之前，斋戒人（渔民）穿戴整洁，戒除嗜欲，在舱内放上供桌，置果、酒、菜、饭等供品于上，后焚香拜谢，起锚出海。

斋老大有两种形式：一是渔民在出海前祭拜老大，求航程平安；二是渔船出海后，数日不归或遇到风浪，渔民家属在家中斋老大，求保亲人平安归来。

“老大”并无特定的鬼神，外省市来的渔民，“斋老大”时所祭祀的往往是“妈祖娘娘”；本地渔民所斋者，一般泛指为海神、海鬼，或海中神灵，或在海难中死去的船老大、亲朋、同行。祭斋，是为了护航平安。

第五节　庭院游戏

一、抓真

2～5 人集体游戏。先用布料做成寸许见方的沙包（真子），13 个包内可装沙或米或豆或玉米之类东西。玩时多人依序进行。先把沙包（真子）散于桌面，接着向上抛一真子，在上抛真子落下单手接住之前，必须同时把桌面上真子一一抓在同一手中（第一轮每次抓一粒，第二轮每次抓二粒，依次类推），如有失误，第二人接着玩，以第一个完成所有动作（有正抓、反抓、隔山抓等动作）为胜。

此游戏流行于解放前后，只要备有真子，不论场所，随时可进行。游戏者以女孩子为多，至七八十年代后逐渐减少，代之以丢沙包等其他游戏。

二、丢羊草

解放前至 60 年代，芦潮港农家几乎家家都养羊（圈养），挑（割）羊草的任务一般都落在孩子身上。放学后以及其他空余时间往往成群结队在田间用刀挑草，“丢羊草”游戏就在挑草过程中进行。游戏时三四人不等，各人拿出一把自己挑的羊草，归并在一起，在草堆旁用刀挖一小土洞，游戏者站在一定距离之外，用规定的同一物件（小石子或草等），抛向小洞，谁第一个抛进土洞，羊草归谁所有，依次进行。虽有输赢，但玩乐而已，收工时大家都会帮助输掉的孩子挑满一大篮羊草，一起回家。

此游戏 70 年代后已不见踪迹。

三、打牌把

打牌把是男孩子都玩的一种庭院游戏。先用废纸折成四方而有一定厚度的牌把,大小不等。玩时,一人先把牌把丢在地上,另一人用自己手中的牌把或用巧劲或用大力向地上的牌把拍去,以拍翻转地上的牌为胜。一次不成,由另一人接着玩,轮番进行,直至翻转牌把为赢。一人可准备十几、几十个牌把,以备输赢。此游戏 80 年代后已消失。

四、滚铁环

用一铁环或铁箍,大小不等,备一小树(木)棍,一头扎成丫叉状,推着铁环前进,以坚持时间长不倒为胜。流传于五六十年代。

五、吃弹子

游戏者多为男孩。工具为弹子、小铁片、角子等小物件。两人同时并立,一人把小物件抛向远处,一人用小物件瞄准后抛丢出去,如不能击中目标,抛出的弹子等物不能移动,留在落地处,由第一人从目标地向该物瞄准击落。如仍不中目标,由第二人再次瞄准抛去,依次互击,直到击中目标为胜。

此游戏一般都在庭院中进行,两人以上共同游戏,80 年代后已不多见。

六、跳(造)房子

跳(造)房子是以女孩为主的游戏项目,两人以上共同进行。游戏时先在地上用石灰划上有间隔的方块(一般有 7～9 个方块),编上号码,游戏时依次进行,按规则,用单腿跳入时,踏上石灰线即为失误,由第二人接着进行。直至把 7～9 个方块全部按规则完成动作为胜。

此游戏流行于解放前至 70 年代。

七、跳皮筋

跳皮筋是以女孩为主的游戏项目,有单人跳、双人跳、多人跳。皮筋高度从地面至一人一手高不断变化,又有单根、双根之分。一面跳一面按节拍共同合唱"刘胡兰姐姐是英雄……"等歌谣,动作优美,歌声动听,是一种极好的游戏和健身项目,流传至今。

第七章　民间知识

芦潮港地区虽然在解放前地瘠人穷，文化落后，但广大人民在百余年的生活、生产实践中还是积累了许多可信可用的民间知识，而这些民间知识极大部分都是科学的、有用的。其中的“物候天象”，是广大农民经验的结晶，在科学尚不发达的旧时代，具有普遍指导农业生产和生活的重要作用，而医药知识和草药，在缺医少药的旧社会农村，则更具治病救人的重要作用。

第一节　物候天象

一、物象口语

鸡鸭早归笼，明朝太阳红彤彤。

猫狗吃草，大雨将到。

鸭子相骂，早骂日头夜骂雨。

烟滚地，天要变。

烟囱不出烟，一定阴雨天。

懒猫伸腰，也是雨兆。

蝉声悠扬，天必晴朗。

黄牛擦角，即将雨落。

蛇过芦苇顶，必有大雨淋。

知了呱呱叫，热得心烦恼。

鳖头探水面，南望晴、北望雨。

燕子高飞晴天告，燕子低飞雨天报。

花生叶傍晚合拢晴天到，不合拢要变天。

雨中听蝉叫，明朝晴天到。

九月田鸡叫，犁头朝上跳。
日出猫迷眼，有雨不到晚。
蚂蚁搬家蛇躺道，鸡不进窝雨要到。
蚯蚓唱山歌，有雨落勿大。

二、天象口语

湿地落霜连夜雨，霜后南风当夜雨。
一日春霜三日雨，三日春霜九日晴。
乌云接日头，半夜闹稠稠。
十一月的雾，雨雪没道路。
六月西北风，三日里厢起台风。
久晴大雾阴，久雨大雾晴。
虹低日头高，明朝晒断腰，虹高日头低，明朝着蓑衣。
先雨后雪雪勿大。
雾里见日头，晒破大石头。
初一月半午时潮，初八、廿三早夜没滩。
夜晚北天亮，明朝大太阳。
太阳颜色黄，明天大风狂。
久雨不停，雷响天晴。
早有破絮云，午后雷雨淋。
地上返潮、咸菜缸里起泡，眼见雨到。
日枷(晕)风、夜枷雨，枷内无星连夜雨。
西风不过午，过午便是虎。
春东风、雨祖宗，东北风、雨太公。
立夏东风百草盛，几天几夜好天空。
日出胭脂红，不是雨天便是风。
日出金边云，海上生台风。
东风急溜溜，难过五更头。
东南阵，落煞落勿停。
雨后东北风，下雨更加凶。
西南转北，搓绳绊屋。

夜里星动起大风。
春霜不露白，露白要赤脚。
冬至落雨天生病，阴阴湿湿到清明。
明星照烂地，明朝要雨淋。
三朝迷雾发西风，若无西风雨不空。
一落一只钉，落煞落勿停；一落一个泡，落停就好跑。
东霍霍、西霍霍，明朝仍旧干卜卜。
正月八、二月八，老猫老狗全冻煞。
日落西北满天红，不是风来就是雨。
要知明朝热不热，就看夜星密不密。
久雨显星光，来日雨更狂。
夏至三日雾，出门要摸路。
日出发白，飞沙走石。
小暑起燥风，日日夜夜好天空。
霜夹雾，井也枯。
月亮发毛，大雨滔滔。
天上起了鲤鱼斑，明朝晒谷不用翻。
青杠白杠，明朝晒煞和尚。
立秋处暑有阵头，“三秋”时节雨稠稠。
一场秋雨一场寒，十场秋雨要穿棉。

第二节 医药卫生

一、民间土方

疔疖疮方：

蒲公英 20 克，紫丁地 20 克，野菊花 20 克。水煎服，一日三次分服。服后未溃者即能消肿，已溃者亦能很快消炎、敛口。忌：鱼鲜发物，香甜辛辣之物。

疗腹泻方：

马齿苋 30 克，蒲公英 20 克，车前草 15 克，桔皮 1 克，水煎服，一日三次分服。本方有清热消炎、分清别浊之功，对水泻疗效更显著。

疗尿急、尿频、尿道灼痛、癃闭方：

全车前（车前草不去籽）30 克，金钱草 30 克，鸭跖草 30 克，水煎服，一日三次分服。本方有清热，利尿之功，对因膀胱发炎或尿路感染引起的尿频尿急，欲解不畅，尿道灼痛，小便发黄，甚至癃闭不通者，疗效显著。

疗止鼻血方：

小蓟头草 20 克，旱莲草 30 克，白茅花 5 克，水煎服，一日三次分服。外用头发灰净末少许，撒于棉花絮上塞鼻，鼻血即止。本方有凉血止血之功，故对血热上涌而引起的出鼻血疗效较佳。

以上四方药量均系干料量，如用鲜药则为干料量的三倍。

二、便方土法

3 岁以内小儿患百日咳：取腊梅花子 10 余粒，加冰糖适量，置于茶碗中，加水蒸透后口服，日服多次，每次 1～2 调羹，疗效显著。

高热久不出汗，用糯稻根煎汤，日服二次，每次半碗。

病者高烧不退：用嫩竹枝中竹心煎茶服用，有退热之效。

鼻腔出血不止，用小蓟草捣烂后塞鼻，立时见效。

小孩生天泡疮，又名水痘：用黄豆煅灰后加菜油调和涂患处。

烂脚久治不愈，俗称老烂脚：用红蚯蚓若干条加红糖适量，捣糊后涂患处，效果甚佳。

关节疼痛及腰酸背痛：用半块红砖，放入火中烧红后取出，稍隔一时，以用纸包住不烧为止，外面再包一层布，贴于患处及周围移动，到砖头不烫为止。每周一次，每次三四块红砖，效果较好。

三、草药

蒲公英：土名黄花郎，有消肿、止泻功效。

紫地丁：土名紫花犁头草，对未溃破的伤口有消炎、消肿作用。

车前草：土名打官司草，功效为清热解毒。

金钱草：土名铜钱草，能消炎，对尿路感染引起的尿道灼痛、解尿不畅有显效。

鸭跖草：土名鸭脚头草，消热、利尿。

芦根：土名芦头根，清热、解毒。

桃花：又名桃花瓣，利尿、通便。

苍耳草：土名五杆姆，清热、提神。

百残花：土名野蔷薇花，芳香、化脓。

橘皮、橘叶：止咳、清肺。

丝瓜络：土名丝瓜筋，化痰、活血、通络。

半戛：土名三叶头草，能解剧毒。

苋菜花：清热、止泻。

野菊花：消炎、敛伤口。

此外，尚有杜瓜、薄荷、紫苏、艾、割人藤、构桔、构杞、芦根、萝卜籽、荠菜花、马兰、菟丝子等野生草药。

第八章　桃文化

南汇是上海的桃乡。百余年的栽桃历史，造就了南汇特有的桃文化。尤其是芦潮港，是南汇桃文化的集中发祥地。桃文化事象之一的民俗节令桃花节在这里诞生；民俗物象南汇水蜜桃在这里形成；和桃相关的传说、民间知识在这里传播。

第一节　桃花节

一、起源

南汇的土地宜于栽桃。1958 年，中共华东局和上海市委为解决上海市民对水果日益增长的需要，决定将植桃为主的果园基地开发放在了南汇。当年，在芦潮港建成万亩果园，栽桃 1 600 亩，1984 年调整为 8 000 亩，种植桃树 33.6 万株。1960 年，全县 25 个人民公社相继建立以桃为主的果园。1985 年，全县已有 28 个桃园，14 877 亩。2001 年扩至 31 个桃园，33 443 亩。

南汇植桃不仅面广量大，成为市郊之首，而且品种繁多．开花时间从 3 月下旬可一直延续至 4 月中下旬，花期长达一个月多，如此丰富的桃花资源"春来遍是桃花水，不辨何处寻仙源"，构成南汇一道十分亮丽的风景线。万亩果园近海，堤外海涂广袤，护堤林带葱郁，是难得一见的自然景观，是上海郊区和周边地区独一无二的自然旅游资源。

1988 年 3 月，南汇县广电局几位领导参观上海植物园、青浦大观园后联想到南汇有大片桃花，是一种难得的旅游资源，遂向县政府写报告，建议县政府举办南汇桃花节。

1990 年 4 月 10 日，中共南汇县委、县人民政府鉴于开发开放南汇，发展经济需要，组织果园乡领导，上海新雅集团、上海市商业一局等单位的经理、厂长 20 余人，在芦潮港登海堤、赏桃源，就开发利用独特的桃花自然资源展开调研，决定在果园举办桃花节。

1991年2月，中共南汇县委、县人民政府再次组织力量到果园乡进行桃花节总体规划、部署，选定外中村2组为办节主要景地。该地三面环河，大片新生桃林连绵不断，东有林场翠绿水杉林带为屏，是个理想的景地。经筹划，决定在此设立"新桃花源""花海荡舟""寿桃闹春""桃林水车"等景点12个。同月，果园乡组建桃花节筹备组，疏浚河道、平整道路、准备接待工作。

同年4月4日，桃花节接待首批新闻界、文化界客人。6日，各界人士、市民、外国友人纷纷入园。其中有国家部委和中共上海市委、市政府、市政协、各部委领导，也有社会团体、个人和美国、日本、俄罗斯、澳大利亚等国驻沪使节及夫人。主办地村民以丰富的地方农家特色"荠菜咸酸饭""三黄鸡""马兰头"等热情接待游客。

首届桃花节举办成功。游客近万人次。

二、发展

1992年，第二届南汇桃花节如期举办，办节地点仍为果园乡。景地从外中村扩至庙港村1组，仍由县人民政府组织承办，明确了桃花节作为推动南汇社会经济发展、招商引资与经贸洽谈相结合。办节经费由政府支出，吸引大批市民踏青赏花。第二届桃花节各景地吸引游客10万人次。

1993年，办节地点除果园乡外，扩至惠南城北村、周浦沈西村、瓦屑果园村。

1994年，经上海市人民政府批准，南汇桃花节提升为上海南汇桃花节，成为上海旅游节庆活动知名品牌之一。办节由政府组织运作掺入市场运作机制，办节地点又有扩大，游客逐年增多，并一直保持在50万人次左右。

2002年，上海南汇桃花节正式提升为上海市桃花节。至此，桃花节从乡村走来，从县到市，已成为上海市民重要的旅游节庆活动。至2006年，已成功举办16届。

三、主要活动

桃花节从果园乡发源，到县市组织承办，其内容、形式逐年丰富、完善，规模逐年扩大。其最鲜明的特色是：以展示南汇万亩桃园、田园风光和海滨风采为主，正观南汇美丽的自然景观和淳朴的乡情民风，让上海了解南汇，让世界了解南汇。

游：穿行田埂小道，徘徊鸟语花丛、垂钓、耕作、烧饭，果园乡除第一届设12

个景点外，后又增设“超级迷宫”“渔村一条街”“海上走廊”“港区新外滩”“芦潮港—嵊泗两日游”“芦潮港—大小洋山一日游”等景点和活动。近年来，增加了“观东海大桥”“游洋山深水港”“滴水湖游”等活动。

观：历届桃花节组织的观赏活动有舞龙舞狮、桃花篮、江南丝竹、锣鼓书、荡湖船等乡村民间艺术表演。近年来又邀请少数民族、国外文艺团体表演民族歌舞、杂技等节目。

食(品尝)：桃花节期间，各地景点都能品尝具有南汇特色的小吃、家常菜，如荠菜馄饨、南瓜饼、三黄鸡、新鲜鱼虾(自捉自烧)等，享受大自然的恩赐。

桃花节期间，各办节景地的活动内容又各有不同。

芦潮港景地：以凸显万亩桃园、千亩林带、世纪海塘等生态景观为主。

城北桃源民俗村：以展示浦东民俗民风为主。

新场桃源：与水产古镇人文资源有机结合。

滨海桃源：以展现桃文化和桃科技为主要特色。

各景地的村民、居民，在节庆期间则有的踏青赏花，有的参加各项观赏游艺活动，有的到各景点出售自家的农副产品，节庆气氛甚为浓厚。

四、影响

桃花节原为推动改革开放、促进经济发展为目标，现已成为重要的旅游资源之一，成为招商引资，促进社会经济发展的媒介，更成为百姓一年一度的节庆项目。

芦潮港自 1991 年，在 6 届桃花节的媒介推动下，促进了土地开发利用，吸收镇外投资单位百余家，有力地推动了本地经济的发展。

桃花节自第四届开始，每届游客人数都固定在 50 万人次左右，对南汇的旅游业、旅游经济是个不小的推动。桃花节期间，南汇星级宾馆饭店平均住房率超过 70%，双休日高达 90%以上。2001 年，南汇区直接旅游收入 1.11 亿元，其中桃花节的举办占有重要位置。

10 多年来，桃花节的举办，相继为南汇引来了上海野生动物园、浦东射击游乐有限公司、滨海高尔夫俱乐部等一批旅游项目落户，这些人造景观和旅游度假设施的兴建，使本来并无旅游业的南汇有了旅游业，而且在全区的国民经济收入中又占居一席之地。

桃花节的举办又带动了与之相适应的后续活动，是桃花节活动的延续。品桃会：1997年城北桃源民俗村首办，后推广到芦潮港等地，内容有摘桃、品桃、钓鱼、划船、观看水上表演。

农家乐活动：主要在桃花节后或桃子成熟期，从12个方面开展活动：品瓜果蔬菜，自选自摘自烧，游瓜果、蔬菜、花卉基地，参观农家居室、水井、锅灶；玩赶海、踏浪、拾贝捉蟛蜞，打高尔夫球；动手摆弄织布机、纺纱车、织渔网等。

桃花节已成为一方百姓的重要节庆活动，成为一方经济发展的催化剂。

第二节　南汇水蜜桃

一、形成与品种

南汇水蜜桃发端于周浦地区，形成于芦潮港万亩果园。1958年开始，南汇大量种植果树。芦潮港建成万亩果园，至1984年栽桃8 000亩，种植桃树33.6万株。经数十年摸索，逐渐形成一整套水蜜桃生产工艺，形成由多个优质品种组成的“南汇水蜜桃”品系，致使南汇水蜜桃成为闻名上海乃至全国的果中珍品。

“南汇水蜜桃”有很大的文化科学价值，已成为南汇的品牌，已走出南汇、走出上海、走出国门，其产品不但远销华东6省，而且已出口东南亚，成为上海农产品出口中的拳头产品。南汇水蜜桃的生产习俗、技艺，具有很强的科学性，已带动、影响了全南汇乃至上海地区的水蜜桃生产技艺提升，形成一种独特的生产工艺。

1982年，万亩果园上市鲜桃99 325担，2001年升至240 000担，成为芦潮港农民主要经济收入来源。2001年，南汇区以桃为主的果品产值，已占全区种植业总产值的12.36％。

在万亩果园“南汇水蜜桃”生产技艺的影响下，芦潮港培育出国庆节前开始成熟的特晚熟品种“迎庆桃”，使南汇水蜜桃的供应期延长至4个月。选育出皮薄汁多、入口鲜甜的桃中珍品“玉露桃”，远销国外。大团则从来自万亩果园的“太仓桃”中选育出“团丰蜜露桃”，成为品质极佳的“沪郊百宝”。

此外，新场的“新凤蜜露桃”、三墩的“湖景蜜露桃”、六灶的“白花桃”等品种的选育成功，都丰富了南汇水蜜桃的品牌内涵。

南汇主要优质水蜜桃品种有：

玉露水蜜桃：早期南汇水蜜桃代表品种，8月上中旬熟平均果重150克以上，最大果重 350 克，成熟后皮色蜜黄、肉软多汁、有浓香、品质极上。主产地芦潮港万亩果园。

团丰蜜露桃： 7 月中旬熟，单果均重 220 克，最大果重 565 克，人称“半斤桃”，果皮厚韧、耐储运，肉质密，可溶性固形物(糖度)13%～14%，品质极佳。主产地大团、芦潮港。

新凤蜜露桃： 7 月下旬熟，皮薄肉嫩汁多，单个均重 180 克，最大果重 400 克，含糖 13%～14%。主产地新场。

湖景蜜露桃： 主产地周浦、三墩、芦潮港。7 月下旬成熟，单果均重 160 克，最大果重 350 克，含糖 12%～14%。

白花桃： 8 月中旬熟，单果均重 250 克，最大果重 500 克，皮厚韧、耐储运，肉质细而白亮，含糖 13%～15%，主产地六灶、芦潮港。

此外，还有芦潮港为主产地的“白凤桃”“黄金桃”“迎庆桃”。南汇果树良种基地(滨海)的“圣桃一号”“大玉露”等。“南汇水蜜桃”群体品种不下 50 个，包含从 5 月中旬至 9 月下旬长达 4 个月多的供应期。

二、桃花、桃胶、桃符

南汇百年种桃，芦潮港半个世纪桃文化的积累，形成独特的相关知识，在民间应用，颇具功效，主要相关知识有：

1. 桃花：桃花有润肤美容作用，春天花开时，收集桃花花瓣，用清水漂洗干净，捣成糊状，加入适量甘油，调和后密封待用。秋冬季节作为护肤用品，每日涂擦一次，一月后润肤，嫩肤作用明显。芦潮港地区妇女，有不少以此作护肤土方。此外，桃花花瓣用开水冲泡饮用，能利尿、通便。

2. 桃胶：是桃树枝干上流出的一种树胶，干后剥下，除作为化工辅料外，尚可食用。漂洗干净后稍煮成羹，加以辅料，食用滑爽。有人认为有吊出伤气的作用。

3. 碧桃干：五月摘下小桃(一般蔬果时摘下)，晒干后成为碧桃干，是一味止汗良药，芦潮港桃农随时可以备制。对于体虚、出汗不止，用碧桃干煎汤服用，效果甚好。

4. 桃符：用桃枝削制成小宝剑形，或用桃木制成小长方形木块上刻“吉”字，挂于门框上方，认为有辟邪作用，谓之“桃符”。其实桃树皮、桃木味极苦，其自身挥发出的苦味，有抑菌驱虫作用。“桃符”在民间被认为是“吉”物。

后记

2007 年，芦潮港的非物质文化遗产民间技艺“鸟哨”成功申报成为南汇区和上海市非物质文化遗产名录后，我们就着手整理普查资料，准备编撰成册，付诸出版，后因种种原因未能如愿。

2009 年，南汇并入浦东新区，人事有了变动。2011 年，镇文化服务中心筹建芦潮港历史文化陈列馆，并准备把陈列馆板块以图文内容汇编成册和非物质文化遗产内容合为一体，成书出版。2012 年，芦潮港镇建制撤销后并入南汇新城镇，人事又有了变动。直至 2014 年春夏之交，在南汇新城镇领导的支持下，镇文化服务中心再次启动本书的编辑出版工作，才有了今天的《东海之滨　美丽渔港——浦东新区南汇新城镇民间文化遗产辑录》。

《东海之滨　美丽渔港——浦东新区南汇新城镇民间文化遗产辑录》只是芦潮港地区民间文化遗产的部分选录，加上普查中的遗漏和编者水平的局限，尚有许多不尽如人意之处。书虽出版，诚恳希望知情者、读者批评指正。

编者

2014 年 12 月 31 日